Art in Young Children's Lives at Nursery Center

プロジェクト・アプローチの実践から

保育のなかのアート

磯部 錦司　福田 泰雅

小学館

はじめに

「新たな保育の創造」の萌芽

　保育界が脈々と動き出していることを、今、感じる。
　20年前、幼児の造形表現の研究に携わり始めたころ、造形教育研究のある重鎮の先生が、「こんなにも精力を費やしてきたが、日本の幼児教育は、戦後からこれまで、本質的に何も変わってこなかった」とつぶやかれたことがあった。あれから月日を経て、確かにそのような現状もあるのだが、しかし、今、時代は動き、何かが変わり始めていることを感じる。その理由のひとつは、子どもの「主体性」と「表現と生活のつながり」が再考されつつある状況が実践現場に芽生え始めていること、そして2000年以降、保育界において「アート」へのまなざしが、一層強くなりつつあるという状況が感じられることからである。保育において「表現」や「アート」という言葉が着目されるということは、子どもの「生」や「その子らしさ」、その子の「生きる営み」そのものが保育のなかで重視されるということであり、その動向への期待が大きくふくらみつつある。
　2012年11月、鳥取県米子市で「プロジェクト・アプローチと保育」をテーマに、いくつかの私立園の園長先生の自主的活動によって研究会（「新しい保育を創造する研究会」）が企画され、そこで講演の機会をいただいた。会場を満たす参加者が全国から集まり、その会場のエネルギーに驚かされた。そして、そこに参加されていた実践者の方々の考えや思いに触れ、時代が変わることへの期待を覚えた。本書の出版のきっかけは、その研究会であった。そこに取材に来られていた『新・幼児と保育』の編集部の方々との出会いから、2013年4月、ムックの形で出版された『保育とアート』に関わらせていただき、さらにその内容を深め、理論と実践を具体的につなげていく著書として、本書を発刊させていただくこととなった。
　今日の保育界において、子どもの主体的な生活や遊びを展開させようとするプロジェクト・アプローチの実践が注目を浴びつつある。それは、これまでの一斉活動と自由遊びという対抗概念での展開や、保育計画の通りに実践する保育者主導の展開とは異なり、子どもの興味や関心、言葉や姿から保育を始め、構想し、その保育の中核に表現活動を位置づけ、子どもの主体的な生活や遊びを展開させようとするものだ。
　日本の保育界においては、レッジョ・エミリアの実践と理論は広く紹介され認知さ

　れつつある。しかし、日本での実践はその模倣の域であり、日本の実態を考慮したとき、そこにある隔たりは深く、現実的なものとなりにくい状況が見られる。本書は、これまでの足元にある実践とそこに生きる子どもの実態から組み立て、保育とアートという視点から、プロジェクト・アプローチの意味と実践を紹介し、日本的なプロジェクト・アプローチのありようを創造的な保育として発信するものであり、広く日本の保育に生かされることを願うものである。

　共同執筆者の福田泰雅氏が園長を務める赤碕保育園（鳥取県東伯郡）の実践は、その意味において先駆的なものが見られる。本書においては、赤碕の実践を軸としながら、私がこれまで関わらせていただいた日本のさまざまな園の実践から、子どもを主体にしながら、表現を核として表現と生活をつなげていく保育の展開と方向を示してみたい。

　「アートを通したプロジェクト・アプローチ」の理論から、同時代的な保育の方向を検討することを通して、本書が、明日の実践を切り拓くための一助となることを願っている。

磯部錦司

Contents

はじめに …… 2

第1章　プロジェクト・アプローチとは …… 7

プロジェクト保育という言葉にまつわるイメージと諸相 …… 8
保育におけるプロジェクトの歴史 …… 9
一般的なプロジェクトと保育におけるプロジェクト …… 9
レッジョ・エミリアの保育から学ぶ …… 13
プロジェクト保育と物語性 …… 14
プロジェクト保育の実践で考えたいこと …… 16
個を生かす保育 …… 18
プロジェクトのめざす姿 …… 19

第2章　アートの意味と役割 …… 21

アートとは何か …… 22
保育におけるアートの役割 …… 25
「生活・遊び・教育・アート」の関係 …… 32

第3章　プロジェクト保育の周辺 …… 35

プロジェクト保育を支える概念 …… 36
プロジェクト保育を支える環境 …… 48

第4章　生活とアートのつながり …… 53

その子は何を表したいのか …… 54
「つながる保育」の構想 …… 56

第 5 章 | プロジェクト・アプローチの実践例 …… 67

テーマについて …… 68
始める〜川プロジェクトなど …… 70
つなげる〜カッパ・プロジェクト …… 80
広げ、深める〜モーツァルト・プロジェクト …… 94
遊びきる〜お店屋さんプロジェクト …… 101
未来への学び〜とかげプロジェクト …… 109

第 6 章 | 作品から読み解く
〜赤碕保育園2013・2014年度「生活とアート展」より …… 119

「私のストーリー」の生成 …… 120
足元において、子どもから始まり、子どもが広げる〜海プロジェクトより …… 123
主体的な「学びの連続性」〜レンガ・プロジェクトより …… 127
学びの痕跡とポートフォリオ …… 129
主体的な活動を生む環境 …… 136

第 7 章 | アートの可能性 …… 139

生活というアート …… 140
文化創造の共同体 …… 143
生活空間の広がりと創造 …… 145
地域社会とつくる …… 147
グローバル化における保育の創造 …… 151
社会的な創造活動というアート …… 155

おわりに …… 158

装丁／石倉ヒロユキ
デザイン／レジア（小池佳代子、若月恭子）
編集／清水洋美、『新 幼児と保育』編集部（宮川 勉）
撮影（順不同）／末宗智彦、丸橋ユキ
校正／松井正宏
撮影協力園（順不同）／あゆみ幼稚園（神奈川県・横浜市）、谷戸幼稚園（東京・西東京市）
　　　　　　　　　　喜多見バオバブ保育園（東京都・世田谷区）、バオバブ霧が丘保育園（神奈川県・横浜市）
　　　　　　　　　　仁慈保幼園（鳥取県・米子市）、安城市立北部幼稚園（愛知県・安芸市）
　　　　　　　　　　南陽幼稚園（山口県・周南市）、千葉幼稚園（千葉県・千葉市）
　　　　　　　　　　ＮＰＯぎふこども芸術村、Globe Wilkins Preschool（オーストラリア）
執筆協力／徳田憲生（赤碕保育園）、舩越郁子・雲島絵美・松尾賢（仁慈保幼園）、
　　　　　伊藤裕子・高倉真那（谷戸幼稚園）、大図睦（あゆみ幼稚園）

写真の掲載にあたっては、許可をいただいたものを使用しております。

第1章

プロジェクト・アプローチとは

1 プロジェクト保育という言葉にまつわるイメージと諸相

　近年保育において「プロジェクト」という言葉を耳にするようになったのは、2001年ワタリウム美術館で開催されたレッジョ・エミリア市の保育の展覧会「子どもたちの100の言葉展」以降だろう。また、開催と同時期に世織書房より刊行された展覧会と同名の書籍『子どもたちの100の言葉』には、「プロジェクト・アプローチ」という言葉が書かれている。

　こうしてみると、「プロジェクト保育」あるいは「プロジェクト・アプローチによる幼児教育」は、初めてこの言葉を耳にした者にとって、新しい教育方法のように印象づけられていると考えられる。

　しかしプロジェクト・アプローチとは、W・キルパトリック（*1）のプロジェクト・メソッドをルーツとする方法論であり、歴史的には比較的古いものである。

　『子どもたちの100の言葉』を通じて、プロジェクト・アプローチあるいはプロジェクト保育が、従来の幼児教育と比較して、知的探究やアートなど保育のさまざまな手法という点で際立っているという強い印象を与えたことはまちがいない。プロジェクト保育を「知的探究やアートなど、ある特定の目的をもった活動」と位置づける点は、レッジョ・エミリア市の実践に新たに接した者にも、以前から知っていた者にも共通した評価のように見受けられる。

　そして、これを機に、知的探究やアートのための実践的手法としてプロジェクト保育を取り入れたり、その逆に幼児の活動は知的探究に偏ってはならないとしてプロジェクト保育を否定したりする動きも始まった。また最近では、あたかも目新しい保育手法であるかのように誤解し、手法をシステム化して教えることで商業化している動きもある。

　筆者はこれらの動きすべてに対し、プロジェクト保育の目指すところはそれらではなく、本来はもっと重要な意味をもっていることを訴えたい。

赤碕保育園の事例検討会で、作品の説明をする保育者。

1）William Heard Kilpatrick 1871～1965。ジョン・デューイの教育哲学を実践的理論として表した、アメリカの教育学者。コロンビア大学での、デューイの後継者でもある。

2 保育におけるプロジェクトの歴史

　20世紀初頭にキルパトリックが「プロジェクト・メソッド」として表した理論は、もともと社会人教育の理論だったが、その後学校教育や幼児教育にも応用された。

　英国においては、スーザン・アイザックス（*2）がデューイの進歩主義教育の実験校にならって自ら実験校を開設して研究し、子どもたちの会話をタイピストに記録させ、考察している。フランスにおいては、セレスティン・フレネ（*3）が第1次世界大戦に従軍したときの経験をもとに、国家のための教育ではなく、学習者のための教育を目指してフレネ学校を開校した。日本においても倉橋惣三が東京女子高専の付属幼稚園において実践を始め、日本中にその考え方を説いた。その意味では、現在の日本の保育観の原型であるともいえよう。

　そして、北イタリアの小都市レッジョ・エミリア市では、第2次世界大戦後母親たちが中心となり、ローリス・マラグッチ（*4）を迎えて幼児期の教育として導入した。

　比較的新しいもののように考えられているプロジェクト・アプローチは、このように古い歴史をもっている。また、学校教育における生活科や総合的学習も、基本的な考え方など根源は同じである。

2) スーザン・アイザックス　Susan Issacs 1885〜1948。イギリスの心理学者、精神分析家、教育者。アメリカやイギリスでは保育理論の開拓者としてよく知られている。
3) セレスティン・フレネ　Celestin Freinet 1896〜1966。フランスの教育者。伝統的な権威主義的な教育法に異議を唱え、子どもたちの自発的な活動を主軸にした教育をおこなった。
4) ローリス・マラグッチ　Loris Malaguzzi 1920〜1994。イタリアの教育者。レッジョ・エミリアの創始者の一人で、多くの優れた教育理論を統合し、新たな教育法を生み出した。

3 一般的なプロジェクトと保育におけるプロジェクト

　プロジェクトという単語は、社会のなかで一般的になっており、企業などにおいては「〜プロジェクト」などの名称をもって実践されている。これら「〜プロジェクト」として実践されている場合、それらは一定の構造をもっている。

　「プロジェクト」の語源の意味は「投げ出していく」であり、前へ投射する意味である。たとえばOA機器のプロジェクターはまさに「前へ投射する」ための機器で、語源そのままのネーミングだ。企業活動などの「プロジェクト」は、成果を最終的な目標として企画され、次頁のような特徴をもつが、目的のために「資金、範囲、時間」を管理しながら実行することが一般的である。

1「成果という明確な目的のために存在する」
　＊「今までにないもの（独自の製品やサービスなど）を対象とする」
　＊「〜という成果物を生み出すためにプロジェクトを遂行する」
　＊「プロジェクトの過程で生み出された成果物は、計画段階の成果物と区別して最終成果物と呼ぶことがある」

2「ルーティーン・ワーク（繰り返し同じことをする）ではない」
　＊「1回限りの取り組み」
　＊「計画という意味でのプランではない」
　＊「企画書が存在する」

3「時間・コスト・経営資源の制約」
　＊「始まりがあり、終わりがある」
　＊「期間が決められる」
　＊「投入される資金や技術者などに制約がある」

　たとえば、東京スカイツリーの建造などをプロジェクトの定義で見てみよう。600メートル級の新たな電波塔（成果）の建設（1回限り）という特殊性をもち、2008年7月14日に着工して2012年2月29日竣工という期間（時間）が存在し、総工費500億円（コスト）で建設するプロジェクトであった。それぞれの課題に対して適切な答えを見つけ出すことによってプロジェクトを達成するのである。
　このような企業型「プロジェクト」は歴史的にも古く、ピラミッドの建設などはまさにその典型であろう。このようにそれまでにないものを生み出す目的をもって企画し、プロジェクトとして実行するのは、現代においては一般的になっている。
　学校教育においても、総合的学習などでプロジェクトの導入が見られるが、それらは何を目的としているのだろうか。
　そこでは当然、知識や技術を得ること、学習態度を身につけることなどがめざす学習成果であり、それらは学習期間内に学ばれることが期待される。プロジェクトが導入されているのは、単純な知識の丸暗記ではなく、理解し、応用し、分析する姿勢を身につけること、それによってさまざまな問題解決を考えることができるようになるのがねらいであろう。
　こうしてみると、プロジェクト学習の導入にも、学習する者がプロジェクトの主体となる場合や、教授する者が伝え教えるために導入する場合もあることがわかる。
　保育におけるプロジェクトにも、当然ながら目的が存在する。それでは何を目的として実践されているのであろうか。

知的探究や問題解決力を養い育むこと、あるいは造形活動をして作品を作るためだろうか？　このように目的を限定してプロジェクトを考えるならば、保育におけるプロジェクトは、「なにかができるようになるため」という意味になり、一般的なプロジェクトや学校教育での手法と変わりがない。確かにそのような目的でプロジェクト保育を実践したとしても、それなりの成果は達成できるであろう。

　たとえば、水とは何かということをトピックとして取り上げ、あらかじめ水に関して学ぶべき事柄を抽出して知識として身につけさせることを目的とし、筋書きを整え、子どもをあたかも物語のなかの主人公のように感じさせながら探究させたとしても、水に対する型通りの知識を教え込むことは可能である。これを教育として考えることもできる。

　別の例として、いも掘りという活動での学びを考えてみよう。

　保育者が「数の概念を子どもたちに意識させよう」というねらいをもったとする。それを活動のなかで達成することは、可能であろう。しかし、本来子どもたちはいも掘りという活動のなかで、数だけに関心をもって活動しているだろうか。数の概念を目的として、保育者が一斉に活動する場合、子どもたちがいも掘りの活動のなかで感じている数以外の概念、たとえば、大きさ、重さ、色、形、葉っぱの形や色、ツルの長さ、いもや土の感触など多くの感覚が阻害されることになる。果たしてそれはどのように考えればよいのだろうか。

　もちろん、保育者が意図した学びも保育における学びではあろう。だが乳幼児期の学びとしての重要な点は、知識の吸収のみだろうか。もっと重要な点は、意欲を育て、学びの態度を形成し、学ぶことはおもしろいという心情を形成することだろう。確かに知識の量が多いことは、次の学びへの意欲にもなるし、新たな知識を習得する起点にもなる。しかし、「学びのプロセス」の重視をするならば、大切なことは以下のようなことではないだろうか。

感性の発達
　● 五感を働かせ、全身で物事を感じ取ろうとすること
　● 美的感覚とともに判断すること
　● 生活のなかで想像し創造することにより、表現する楽しさを知ること
　● 学びに欠かせない共感性の発達

知的探究による知識の習得
　● さまざまな方法により、自分なりに知識を得ること
　● 知識と知識を組み合わせて、問題解決のために仮定する能力
　● 知識を活用して、生活において使用する応用力

写真を見ながら探検した川の地図を作る。

学びの意欲や心情や態度の形成
- 自ら日常生活のなかで遊びなどを通じて、さまざまなものごとを不思議に感じることや、わからないことをおもしろいと感じること。
- 興味や関心をもったものごとについて「本当はどうなっているのだろう」と探究する能力
- 問題を見つけ、仮説を設定し、解決するあるいは解決しようとする心
- 粘り強く問題の解決へ向けて取り組む態度
- ものごとに対して自分自身で振り返り、自分の考え方、あるいは仲間たちとの活動について省察する態度
- 新たに得た知識によって、従来の考え方や知識そのものに修正を加える態度
- 生涯にわたって、わからないことに出会うと、解決したくなるように育つこと

情緒や社会性の発達
- 自分と他者との考えの違いに気づき、それらについて考えをめぐらすこと
- 共通のイメージで遊びを展開できる能力
- 個人あるいは仲間とともに協同的に行うことができること
- さまざまな意見や考え方の違いについて対話を通じて、全体にとって最善の方法を考え出す態度
- 自分にできることやできないことを他者とのかかわりのなかで知り、互いを尊敬できるよう育つこと

アイデンティティーの形成
- これらを通じて、自分なりの感じ方や考え方などを築き、他者との違いを豊かさと感じながら生きるようになること

　以上のように、単なる知識吸収のためではなく、生涯にわたって必要な学びを育むために、どのような発達をすることが望ましいのかという、目に見えにくいことを保育の目的として考える必要がある。

4 レッジョ・エミリアの保育から学ぶ

　これらの課題に対して、大きな手がかりを与えてくれるのが北イタリアの都市レッジョ・エミリアで実践されている保育である。そしてレッジョ・エミリアの保育では、対話、記録、デザインを実践のキーワードとして大切にしながら、子どもの興味や関心をプロジェクトとして実践している。

　これらの考え方は、さまざまな国で実践されてきた今までの保育には見られなかった、実践のための手がかりである。

　たとえば仮に、対話の重視という点を我が国の保育に置き換えたとするならば、それは保育者が子どもたちに対する言葉かけの在り方や誘導的言葉の使い方の研究を示していた。しかし、それは対話という双方向の会話ではない。レッジョ・エミリアでの対話は、素材との対話であり、ものごとに対する保育者と子どもたちとの対話であり、子ども同士の対話である。つまり、子ども一人ひとりが自分の内面と向き合う対話である。

　記録も従来の概念とは異なっている。今まで記録とは保育者自身が保育の実践記録をもとに省察する目的で用いられ、活動を要約したものが多い。レッジョ・エミリアでは、子どもの発した言葉が詳細に記録され、後日誰でもその記録をもとに省察することが可能である。つまり記録が記録者のためだけでなく、当事者である子どもやその他保護者も含めた誰に対しても開かれている点が特徴的だ。

　またこれら保育者の作成した記録のほかに、子どもたちが活動のなかで描いた作品なども子どもの発達の軌跡として考えられ、大切にされている。この点が非常にユニークであり、日本では、漠然と子どもたちに対する表現活動を実践してきた感があるが、ともすればそれはテクニカルな活動にかたよりがちであった。しかし、表現活動の意味は言語化できない内面を表現することだけではない。感覚器官の発達をうながし、強化すること、表現によって自分の内面を意識し、それを自己の物語として考察することが、言語の発達や認知面で大きな意味をもっているのである。

　保育のデザインとはどういうことだろうか。保育計画という表現が一般的だが、「保育プラン」ではなく「保育デザイン」としているのは、保育者が子どもたちを意のままに操る保育のイメージではなく、子どもとともに遊びの仲間として対話し、子どもの考え方を生かしながら描き出していく保育であるため、「デザイン」としている。

　もちろん子どもが考えたことを絶対視するわけではない。子どもは子どもとして、自分の経験をもとに仮定しながら語ったり、描いたりして表現しているのだが、そこに共感する保育者は、保育者としての経験をもとに自らの知識を生かし、子どもがもっている願いの実現を果たそうとし、それらの過程において社会性の発達や認知の援助を図る。

右／家族で東京に行ったときに見た「スカイツリー」。
左／ちらしを細長く丸めた棒も人気の材料の一つ。

左／枝の形と質感を生かしきった「カマキリ」。
右／素材は大まかに分けられて、いつでも取り出せるように並べる。

5 プロジェクト保育と物語性

　プロジェクト保育は、子どもたちがトピックについて探究することにより、さまざまな楽しい物語が生まれることも特徴的である。それらは文章や製作物など詳細な記録が存在していることにより、子どもたちの学びの軌跡として描き出され、活動を振り返ることが可能である。

　ところが同じ物語でも、先に描き出された学びの物語という考え方も存在する。いわゆる形成的保育計画であり、学ぶべき内容を物語として子どもたちに経験させるのだが、これはどのように考えるのだろう。

　子どもの興味や関心に基づいて、活動のすべてを子どもにゆだねることは、ある意味放任であり、行き当たりばったりの活動となってしまう。それは学びを放棄することにも等しい。しかし、逆に保育者が描いたストーリーに子どもを乗せて、ゴールへ向けて引っ張っていく

第1章 「プロジェクト・アプローチとは」

ことは、子どもたちにトピックに対する興味や関心を失わせてしまう。

両者がおもしろそうだと感じたところに探究が成立し、学びが始まることが原則である。プロジェクトとして探究が生き生きと成立するために、最も重視しなければならないことは、「子どもから離れない」ことだ。どれほど優れたプランであっても、子どもの心に触れ、心のなかに波が起こらなければ学びは深まりにくい。子どもから離れることなく生き生きと探究することが可能となるためには、子どもたちが自ら語り合い、保育者もその遊びの仲間として、あるいは共同研究者として「遊びを広げ、深め、遊び込む」ことが最も大切である。

その意味でプロジェクト保育によって描き出される物語は、放任された子どもの物語ではなく、保育者による台本としての物語でもない。それは子どもと保育者がともに語り合い、遊び込むなかでそのつど描き出された物語であり、活動の後振り返ってみたときに発見する「軌跡としての物語」である。

レッジョ・エミリアの保育は、「人は表現しながら生きることを基本としており、その表現は個人的な行為でありながら、物や他者という社会と深く関わっている。ここでいう「社会」とは、市民の対話によって成立している［社会］であり、それこそが子どもが発達するために重要な要素となっている」ことを、教えてくれる。良き市民の一員としての子どもたちが活動し展開する、プロジェクト保育の可能性を見せてくれているのだ。

レッジョ・エミリア市の実践は、ヴィゴツキー（*5）の発達理論に基づいているが、それを保育実践のための具体的な手法として確立したローリス・マラグッチは、偉大な幼児教育者として今後も多くの学びを私たちに与えてくれる存在である。

5）ヴィゴツキー　Lev Semenovich Vygotsky　1896～1934　旧ソビエト連邦の心理学者。子どもの発達と教育について研究し、多くの著作を残した。

左／顔、発見！
右／園舎に見つけた「顔」。

左／ここにも、顔？
右／おじいさんみたいな顔、発見。

6 プロジェクト保育の実践で考えたいこと

　プロジェクト保育の実践の手法などは別な章にするが、実践上事前に考えておきたいことがある。それは平等と集団の概念についてである。我が国の社会的な風潮や従来の保育のなかで当たり前のこととして考えられてきたものだが、新たな保育観とは、折り合いをつけることがむずかしいものだ。

　平等であることは、人権上欠かせないものだが、保育においては均等ということと同一視しているのではないかと思われることが多い。誰にも同じ機会を保障するということは、単純に考えると間違いなくそうあるべきものとして考える。だが、同じことをするというのは誰が決定したのだろうか。先ほど取り上げた「対話」のなかで生まれたものではなく、大人が子どもに対して保育として与えたものである。もちろん、それのすべてが悪いというわけではないが、子どもの意欲や対話のなかで生まれた発想、あるいは一人ひとりの人がもっている特性などが生かされているわけではない。

　一人ひとりのやりたいこと、つまり「遊び」のなかで発達していくのだから、保育者からの一方通行的な働きかけよりも、個々の求めるやりたい遊びを最大限生かす活動はどのようなものか、ということを尊重するほうがよい。つまり、誰もが同じことをするという平等とは別に、その人がやりたいことを保障するという平等を考えることが重要となる。

　また、集団についても発想を変える必要があるのではないだろうか。集団的な保育を否定しているわけではなく、この保育が何を目的としているのかという点から考えるのだが、従来の保育が「集団の中で生きられるようになる」ことをゴールとしていた点について、再考が必要だと考えている。

　それはあくまでも「個が心豊かに生きる」ことをゴールとし、個が心豊かに育つことによって集団を形成するのであり、また、個と集団の関係は対立的ではない。つまり、今までの社会のように集団を「個人を制約し規制するタガ」としなくても、個の豊かな育ちが社会と調和しながら生きたり、社会をよりよいものとして構成し直したり、文化を継承したり、創造したりするうえでも基礎となると考えている。

ちらしを巻いた棒で、大きな「花」を作る。

第1章「プロジェクト・アプローチとは」

上／大好きな車の車輪に、絵の具をつけて走る。下／カラフル道路ができた！

17

7 個を生かす保育

　人は誰も異なる存在である。その異なりを乗り越えて生きる能力も社会的に欠かすことはできない。しかし従来の保育では、そのことばかりが強調されすぎているのではないだろうか。社会のなかで生きるとは、そのなかで生きられるようになるだけでなく、その社会を構成している者たちとともに社会そのものを作り変えていくことでもある。そのためには一人ひとりの違いがよりよく発展し、その独自性を生かすという発想が絶対的に必要となる。

　H・ガードナー（*6）は、理解のための教育としてゼロ・プロジェクトを展開しながら、そのなかで多重知能という考え方を提唱した。つまり、人間は誰もが生まれつき8つの知能をもっているというもので、その8つとは、言語的能力、空間的認識能力、身体・運動的能力、論理的・数学的能力、自己観察・管理的能力、自然との共生能力、人間関係形成能力、音感的能力である。

　そして8つの知能は、一人ひとり分布もバランスも異なっている。ひとつの知能が飛びぬけて強いかと思えば、その他は平均的であったり、弱かったりする。あるいはどれもが平均的に備わっているなど、個別な異なりがある。これを見ても、もともと人は異なっているのであり、その異なりに沿って活動しようとする。ただし、ガードナーも述べているように、弱いところをそのままにしておいてよいというわけではない。ただ、一人ひとりがその人らしさを発揮し合える関係のなかで互いに学び合い、補い合えるのである。

　そのように考えていくと、個々の子どもの良さを生かしながら、対話によって学びの仲間が成立し、互いに学び合っていく保育、すなわちプロジェクト保育は、さまざまな点で優れた保育方法であることがうかがえる。まさに「発達は個人的な営みだが、学び方は協同的」であることを最大限発揮できる保育なのである。

6）ハワード・ガードナー　Howard Gardner　アメリカの教育学者。従来のIQテストや知能測定では人間の知能はとらえられないとし、8つの能力を提唱した。

左／「ふたをはずして、別々に通せばいいよ」。カプセルに針金を通すやり方を、自然に年長児が教えている。
中／自分でできるようになってきた。　右／大切な骨組みは、自分で作る。

第1章 「プロジェクト・アプローチとは」

観覧車、完成。

8 プロジェクト保育のめざす姿

プロジェクト保育とは何かということを考えると、さまざまな姿が浮かび上がるが、あえていうならば、子どもと保育者がともに生き生きと活動し、遊び込むことだといえる。あるプロジェクトの記録には、子ども自身が創作した絵本の記述があり、その最後のページには、プロジェクト保育を象徴するような、印象的な言葉が残されていた。そこには「ああ、おもしろかった。もうくたくたです」と書かれていた。これこそがプロジェクト保育の意義であり、醍醐味であり、生涯にわたって学び続ける人として育つための姿であろう。

上／どんな色を作るか、相談中。
中／絵の具の準備が整った。
下／話し合いながら、丁寧に描いていく。

製作はまだまだ続く。

19

水の飛んだ跡で絵を描く。絵の具ひと振りが、真剣勝負。

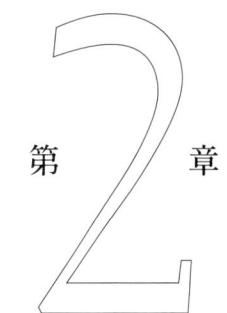

第2章

アートの意味と役割

1 アートとは何か

1 「デキゴト」としてのアート

　園庭の子どもたちの何気ない姿のなかにも、地面の花びらを拾ってカップの水に浮かべたり、葉っぱを拾い集め並べるなど、さまざまな物との関わりによって造形が生まれる様子を目にすることができる。

　写真（A）の子どもは0歳児。雨水で廊下に水たまりができたときの様子である。この子は廊下の水たまりを視覚で感じると、次に指でそれをさわった。手のひらを動かしてみると形が生まれ、できた形に興味をもち、新たな形を生み出していった。そして、雨水のついた足で立って歩いてみると足跡ができることに気づき、その足跡をじっと見つめ、自分の足で一歩踏み出し、新たな足跡をつくりだしていった（写真B）。

　ここで注目したいのは、意識して踏み出した新たなその足跡と、前の足跡とでは、その子にとって意味が異なるというところだ。それまでにつけられた足跡は、雨水を感じることによって「現れた足跡」であり、振り向いて一歩出したその足跡は、その子の意識やイメージを伴なった「表した足跡」である。そして、意識しながら足跡を生み出すその子の行為は、その子が自分の存在を確かめているようにも見える。このように、何気ない日常の生活のなかにも、さまざまに子どもの「あらわし」は生まれている。

　つまり、アートとは、物との「出会い」によって生まれ、出会いのなかで「感じること」と「表すこと」を絶え間なくくり返し、その過程に色や形が生み出されていく「デキゴト」だといえる。出会う物がクレヨンや絵の具であれば、そのデキゴトは絵になっていく。砂ならば砂の、紙ならば紙の、雪なら雪の、あらゆる物との出会いによって色や形は広がってい

く。ましてや大人と異なり、外側の世界に対して素直に体を開き感じることのできる子どもたちは、そのような詩的な瞬間をくり返し生きることのできる優れた表現者であるといえるだろう。

　このような子どもの姿に見るように、「表す」ということは、人間が生活し生きる営みのなかにある生得的な一部であり、人間にとって本質的な行為としてとらえることができる。

2 アートの概念

　「表す」ということが「すべての人間がもっている生得的な行為」であるということを踏まえ、アートの意味を保育・教育との関係から考えてみたい。
　「アート」という言葉は、一般的には「芸術、美術」の意味で用いられているが、美的な

ものや美術作品という意味だけでなく、特に、子どもの世界においては、生活するなかで物と関わることによって生まれる行為や、生活の中に起こる創造的な営みそのものを「アート」としてとらえることができる。

たとえば、砂場に集まる子どもたちは、砂に直接に関わることによって新たな形が自分の力によっ て生まれることに興味をもち、その行為をくり返していく。穴を掘り、山を作り、道ができ、仲間と関わることによって新たなイメージが生まれ、あるときは、それが生活の経験や絵本の物語と結びつき、イメージはさらに広がっていく。

しかし、子どもたちは、素敵な造形物を作り上げても、いとも簡単にその作品を壊してしまう。そして、壊してしまっても、また新たな造形が、次の日も、次の日も、生まれてくる。子どもたちはできあがる作品に意味を感じるというより、そのプロセス、つまり彼らの生活のなかに起こる砂場での創造的な営みそのものに、意味を見出していることがうかがえる。その創造的な営みは、子どもと砂との「出会い」(*1) によって生まれ、「感じること」と「表すこと」が絶え間なくくり返されていくプロセスのなかで形が生み出されていくという「デキゴト」である。つまり、砂場における「アート」とは、砂場の作品だけでなく、そのプロセスの「デキゴト」すべてが「アート」であるといえる。

このようなアートの概念は、「アートすること」に基盤がおかれている。これは、過去の人間形成に関わる諸論においても述べられてきた (*2)。H・リードの『芸術による教育』(*3) では、アートは目的や結果としてではなく、教育の手段として意味づけられ、J・デューイ (*4) においては、知を統合させる機能としてアートがとらえられている。そしてさらに、現代におけるアートの概念は、「コミュニケーションのあり方」や「社会的な創造活動のあり方」を問うものとして意味を広げつつある。このように子どもと物との関係やプロセスに着目したとき、保育・教育の世界においてアートへの期待は大きくふくらむ。その事例については、第7章で具体的に述べてみたい。

1) リ・ウファン『出会いを求めて―現代美術の始源』（美術出版社、2000年）
2) 石川毅『総合教科「芸術」の教科課程と教授法の研究』（多賀出版、1996年）において、プラトン、カント、シラー、リードの諸論を取り上げ述べられている。
3) H・リード (Herbert Read) 著、宮脇理、岩崎清、直江俊雄訳『芸術による教育』（フィルムアート社、2001年）
4) デューイ (John Dewey) の考えに置き換えてみると、彼は、「人間の経験を最も高度に統合させるものが芸術である」として、その役割を位置づけ、それは、「学校で行われるすべての作業の頂上」であり、「思想と表現手段の生きた結合である」と、その重要性を述べている。（J・デューイ、宮原誠一訳『学校と社会』岩波書店　1957年）

2 保育におけるアートの役割

1 「自発的な学び」のプロセス

　子どもの興味や言葉や姿から保育を始め、構想し、その保育の中核に「表現活動」を位置づけ、子どもの主体的な生活や遊びを展開させようとするのが、プロジェクト・アプローチによる保育である。この保育では「子どもの主体性」や「その子らしさ」「生活と表現をつなげようとする考え」が軸となっていく。

　これらの地道な実践では共通して保育の中心に表現活動が位置づけられる。表現活動そのものを生活ととらえ、暮らしのなかで生まれる喜びや気づき、感動をその子の表現とつなげることによって、子どもの想像性や感性を引き出す活動がくり広げられている。このような保育において、子どもの「自発的な学び」を発展させていくための手段や作用として、アートの力は発揮される。

　次ページの写真は、「骨プロジェクト」において生まれた作品である。

　絵本『しゃっくりがいこつ』がきっかけとなり、その日、給食に出た魚の骨に興味をもった子どもたちの関心は「骨」そのものへと広がっていった。店で買ってきた魚を調理して食べたり、身近な生き物や飼っている亀や鳥にも「○○には骨があるのか？」「どんな骨があるのだろうか？」と考えたり、自分の体をさわりながら骨があることを感じたりした。絵で生き物の全体像を線で描いて、その中に枝を並べてどんな骨があるのだろうかと想像したり、自分の手形をとり、そこに自分の骨を描いたり、枝を骨に見立てて貼ったりと、遊びは広がっていった。

　4歳児Mくんは、保育室に置かれた幾種類もの乾燥した魚や鶏の骨に興味をもち、それを並べたり組み立てて、人や動物の形を作って遊んだ。4歳児Nちゃんは、自分の体にさわり、「骨、ここにもあるよ」と、自分の体のどの部分に骨があるのか見つけながら「体の動き」に興味を抱いていった。そして、「体の骨はいろんな動きができるよ」と、大きな紙に自分の絵を描き、動くところの画用紙を切って、つなげて留めていき、関節で動く人物画を描いていった。その過程で、彼女は、「体の動きと骨の関係」を遊びながら考えていた。5歳児Lくんは、固まった木工用接着剤が「骨のようだ」と、絵の具と接着剤を混ぜて骨を作ることを考え出し、紙に何種類もの恐竜や生き物の形を描き、その中に骨の形やつながりを想像しながら接着剤で骨を描いた。さらに「骨図鑑作りたい」と表紙を描き、オリジナルの骨図鑑を作り上げていった。

　アートとは、子どもが直接に自分から物に関わり、自分の力で色や形を変化させ、新たな

色や形を生み出し、新しい意味をつくり出していく活動である。そして、その活動は、その子の興味や関心、その子の生活環境や経験をもとにして、「その子らしさ」をもって一人ひとりのなかで展開していく。そのような「一人ひとりが、自分の力で、自分の興味や関心をもとにして新たな意味をつくり出していく」というアートの特性が、プロジェクト・アプローチを通した学びにおいて重要な要素となる。

「骨プロジェクト」

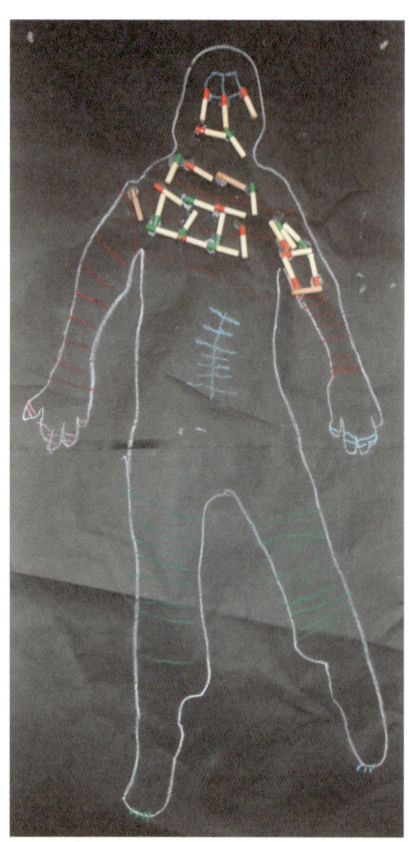

「自分の体」

「おにいちゃん」

「うごくからだ」

「骨図鑑」

第2章 「アートの意味と役割」

2 「モノ」との一体化 —その子の礎をつくる—

　アートが子どもにもたらす意味と役割は、場面に応じて異なるものがある。「モノと一体化する過程」、「見方や感じ方を育む過程」、「想像力や思考力を育む過程」、「知を統合させる過程」、「人間関係や社会性を培う過程」、そして、それらの場面が複雑にからみ合いながら子どもたちの学びは深まっていく。

　まず幼児において最も重要となることは、直接に物へ関わり、物への感じ方を深めていく過程である。この段階をなくして子どもの豊かな育ちを考えていくことはできないだろう。河原へ行くと、子どもたちはまず石を拾い、水にさわり、石を投げ、石を積む。こうして行為を広げていく。森に行けば、枝や葉っぱを見つけ、拾い、並べたり、置いたりして造形が生まれてくる。子どもたちは、あらゆるモノとの直接的な関わりを通して感じ方を深め、新たな色や形をつくり出し、活動を展開させていく。子どもにとって、感じることなくして新たな行為は生まれないのであり、新たな気づきや、感じ方は創造されない。このような日常生活のあらゆる場面で深められるその感じ方が、その子のアイデンティティーとなり、自己形成の礎となっていく。

　特に子どもは、幼いほど触覚が優先するといわれている。たとえば、絵の具に初めて出会った子どもの多くは、そこに筆があったとしても絵の具を指でさわり、ぬたくりをくり返していく。自分の手や身体に絵の具を塗り、絵の具を塗った身体を見つめる子どもの様子は、「自分は何者だ」と自分に問いかけているようにも見える。それは、絵の具と自分が一体化することによって、自分の存在を鮮明にしている様子でもある。直接的なあらゆる物との関わりから構築される感じ方が、やがて、まわりの世界を認識したり、ものごとを想像したりしていくための「その子の土台」となっていく。

27

3 感じ方を深めるプロセス

　人間は「感じることなくして生きていくことはできない」ということが、心理学で謳われている。子どもにとっては、感じることと表すことは連動したものであり、表すことによって子どもたちの感じ方がより深められていく。

　Hちゃんは、水辺に映る太陽を見て、「太陽が見える。まぶしすぎる」と白黒で太陽を描いた（写真A）。太陽に興味をもったHちゃんは、夏のある日、アルミ色の滑り台を実物と異なる赤色で描き、滑り台に映る太陽を黒で大きく描き、「滑ったとき熱かった」といった（写真B）。雨の日も、彼女は「描いてみる。見えない太陽。太陽は雲に隠れとる」といい、雨と風を線で描き、そして雲の形を描き、その中に太陽を描き、その太陽を塗りつぶした（写真C）。そして次の日、「今日はどんな太陽を描く？」とたずねると、「赤と白と黄色とオレンジ」と色とりどりの太陽を描いた（写真D）。

　Hちゃんは、太陽との出会いを「表す」ことを通して深め、自分なりの感じ方を生活のなかで広げている。たとえば、水に映る光の不思議さを、滑り台から感じる光のエネルギーを、植物を育てた経験からつながった太陽の存在を、その絵のなかで確かめるように描いている。このような原体験は、見たことだけでなく、「感じたことのすべて」によって構築され、その感じ方の豊かさが「自分らしさ」を築き、生涯にわたり、その子の土台となっていく。幼児期において、そのような感じ方を深める作用として、アートが果たす役割は大きい。

第2章 「アートの意味と役割」

4　想像と思考のプロセス

　大人は、立ち止まったり、腕を組んだりと、何もしなくても思考したり、想像を深めていくことができるが、子どもたちは幼いほど、何かに具体的に関わりをもちながら、または、行為をしながら思考し想像していく。絵を描き、ものを作るという営みは、まさに質の高い「思考と想像の過程」である。

「にじのうえにいきたいな」

　5歳児Uちゃんは、ピアノが大好きで、毎日のように弾いていた。そして、ピアノの曲からイメージを広げ、絵を描いていた（写真A）。「元気な歌だから、音符がはねとる。お友達が遊んどって、音符に乗ったら虹の上に行けるんだよ」と、想像の世界をさらに広げていった。そして、「虹の上まで行ってみたい」という願いは、たたくと音が出る作品を生み出した（写真B）。「松ぼっくりでたたくと、虹の世界へ行ける」という。空き缶やモール、絵の具など、虹の上に行けるような音や形を表せる材料を探しながら選び、「これで音符作ったら？」「跳ねる音はたたく音かな？」「音符がはねたら虹の上に行けるかも」「虹はいろんな色。きれいな色にしたい」「虹の上はきれいなところ」と、想像と思考をくり返し、彼女のイメージが色と形となって表されていった。

　この作品作りに見られるように、絶え間ない想像と思考の繰り返しによって、その子の想像力は培われていく。アートは、色と形によって新しい意味をつくりだしていくと同時に、その子の想像力を育んでいく。このように、子どもが新たな世界と出会う場として、そして、新たな意味をつくりだす経験の過程として、アートの役割はあるといえる。

29

5　知を統合するプロセス

　アートの過程に生まれる見方や感じ方や考え方は、さまざまなその子の経験がもとになり、子どもたちは、作る、描くという過程のなかで、自らの経験とを結びつけ、世界を広げていく。そして、その世界は、ものの見方だけでなく、言語の認識も、社会的な認識も、科学的な認識も、人と人との関係も、自然との関係も、子どもたちの生きているすべての世界とかかわっている。

「生活画」

Ⓐ「里芋の絵本」

Ⓑ「さとさん劇場」

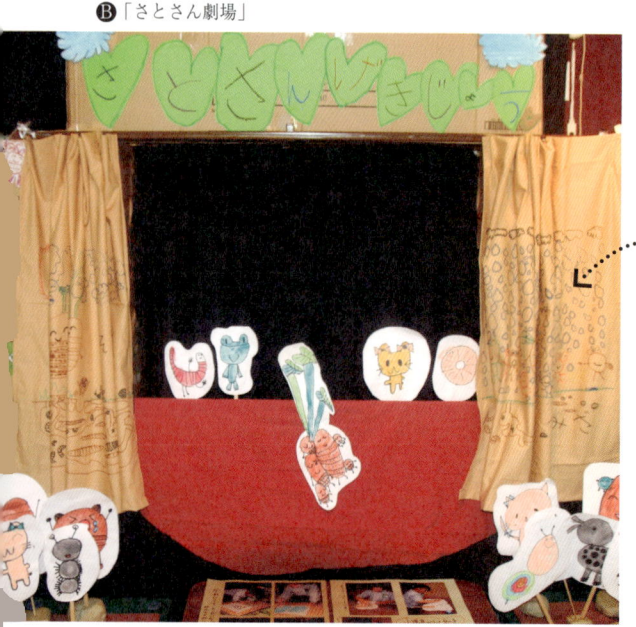

子どもたちが描いた、舞台の幕。

この事例は、A幼稚園のケースである。ある春の日、里芋のたね芋が畑に植えられた。子どもたちは水をまき、草取りをし、虫と出会い、芋の葉で遊び、秋には、自分たちの背丈より大きくなった里芋を収穫した。そのころ、子どもたちは里芋のことを愛着を込めて「さとさん」と呼び、子どもたちから「さとさんのお話をつくろう」という意見が出てきた。

　「土の中に眠っていたさとさん。この次は？」「畑に出てきたカエル」「葉っぱの傘」「坂道を転がるさとさん」と、自分たちが経験したことをファンタジーと結びつけ、子どもたちの「さとさん物語」ができあがり、その物語を各自が絵本にしていった（30ページ 写真A）。絵のなかにも、「虫とさとさん」「歌をうたうさとさん」「縄跳びするさとさん」など、その子のイメージのなかでさとさんが描かれ登場してきた。そしてさらに、その物語は人形劇へと発展し、「さとさん劇場」が保育室にできあがり、子どもたちは物語を上演した（30ページ 写真B）。

　「さとさん」との関わりのなかで、子どもたちは体験したことのすべて、感じたこと、知り得たことのすべてを、言葉と音と体と造形を通して結びつけていった。先の「太陽」や「骨」の事例でも、見方や感じ方が、描くことによって経験とつなげられ表されていた。つまり、子どもは、アートのプロセスにおいて、人や自然との関係や、言語的、科学的、社会的な認識や、さまざまな見方や感じ方を経験とつなげ、アートを通して統合させていくのである。

6　人間関係や社会性を培うプロセス

　砂場や隠れ家作りなどは、大人が指図しなくても、子ども同士がいっしょになって何かを作り出している活動である。これらの活動には、「ともに文化をつくりたい」、「社会をつくりたい」という文化や社会を創造しようとする自発的で原初的な様子が見える。

「絵の具遊び」

段階的に見ていくと、たとえば絵の具遊びでは、感触や色を共有しながら、絵の具を通してコミュニケーションしあう場面が見られる。さらに、生活のなかでの共通体験が深まっていくと、イメージを共有しあいながら一緒に描くことやものを作る姿が生まれる。そこからさらに人間関係が深まり、共通の願いやイメージをもつことで、話し合い、仕事を分担しながら協同で作品を作り出す様子が見られようになる。これは、他人の存在を受容し、助け合うことによって、ともに新たな意味や価値を生み出そうとする創造活動であるといえる。そのプロセスもアートの重要な特性である。

［隠れ家］

3 「生活・遊び・教育・アート」の関係

　保育におけるアートの役割を語っていくうえで、触れておかなければなければならないことは、「生活と遊びと教育」の関係である。
　本来の教育の意味は、「人がよりよく育っていくためのあらゆる作用」であり、そこには直接的なものもあれば間接的なものもあり、意図的なものもあれば無意図的なものもあり、結果がすぐに見えるものもあれば長年かかって見えてくるものもある。ところが、現実に「教育」としてイメージされているものは、目先に見えることや、形になることを求めている場合が多い。大人が直接に子どもに指導することが教育で、自発的な遊びやアートはそうではないように受け取られていたりする。
　しかし、人がよりよく育っていくためのあらゆる作用のなかで、「自発的で主体的な学び」

は、より間接的な作用において発揮されるだろうし、子どもたちの将来に生かされる力や知は意図的で順序立った場面だけでは到底育つものではない。あらゆる学びが保育のなかにあるとするならば、遊びと教育はそれぞれに対峙したところでとらえられるべきではないだろう。それはアートも同じで、子どもたちにとっては、「アートは遊び」であり、子どもが生きる営みすべてのなかに、アートも遊びも教育も包括されている。特に、思考力や想像力、表現力や感性といった将来に生かされる知は、直接的な教育だけでなく、より「自発的で主体的で間接的な教育」（＝学び）において育まれるだろう。

また、子どもたちにとっての生活とは「人間の生きる営みすべて」である。その目的が「衣・食・住」を中心にした「生きる」ことであったとしても、人間はただ生きることにとどまらず、そこには社会や文化がつくられる。自発的に文化や社会が発生する様子は、子どもたちの砂場遊びや隠れ家作りやごっこ遊びのなかにも原初的な姿が見られる。

たとえば、誰が指図するわけでもなく子どもたちは「砂場で遊ぼう」と砂場に集まり、日々、造形活動をくり返し、5歳ごろになれば、遊びながら自分たちの空間に文化をつくり、共同体を形成していく。つまり、生活が生きることのすべての営みであるならば、アートも遊びも生活のなかの一部であり、それらは切り離してとらえられるべきものではなく、遊びもアートも自発的で主体的な生活のなかの貴重な「学びの営み」であるといえる。

絵の具そのもので遊ぶ。目で色を、手と指で触感を確認する。

第3章

プロジェクト保育の周辺

1 プロジェクト保育を支える概念

　プロジェクト保育を実践することは、今を生きる子どもの生活の充実を図ると同時に、結果的に今までとは異なる社会を描くこととも考えられる。それは従来の概念の変更を必要とするものでもある。そこでの教育観は、すでにある正解を子どものなかに内在化させるのではなく、子どものなかにあるものを引き出すことにある。

　従来の子育て観や教育観は、子どもに色づけをするイメージでたとえられることが多い。それに従うならば、プロジェクト保育においては、「無色透明の子どもに大人が色をつける」のではなく、本来子どもがもっている色を充実させたり、ほかの色を子ども自身が取り込んで自分の色として混ぜ合わせたりするものである。そのために言葉の使い方や言葉の内容も従来とは意味が異なる場合もある。それらについて考えてみたい。

1「平等」

　保育では一人ひとりの子どものためにという言葉をよく耳にする。しかし子ども一人ひとりという言葉は、どのように実践され、実現されているのだろう。

　実際の保育のなかでは、一人ひとりという言葉とともに、みんな一緒という言葉が同居している。一人ひとりとみんな一緒という言葉はどのように関係しているのか考えてみる必要がありそうだ。

　保育のなかで「みんな一緒」を考えるとき、誰にも同じように対応するという「平等」という概念が背景にあるように思う。この「平等」という言葉は、ほとんどの場合「均等」と同じ意味で考えられているのではないだろうか。

　たとえば、ケーキを6人で平等に分けるという場合、均等に6等分することを平等と考えるが、まったく異なる平等の考え方もある。それは「私はイチゴが好きだからイチゴのところをたくさんほしい」とか、「今日は体調がよくないから少しでいい」とか「私は甘いものは苦手だからいらない」など、視点を個人に合わせ、それぞれの希望に沿って切り分け、それぞれの人が納得できる方法をとることも平等なのだ。

　表面的な平等ではなく、それぞれの納得のうえに成立する平等とは保育においてどのようなことだろうか。保育では食育計画によって野菜を栽培することがある。その場合、クラス全員が同じ野菜、たとえばさつまいもを育てている。全員が同じものを育てる場合、同じものを育てる目的は何であり、全員でなければならない理由は何だろう。それらが明確であるならば、そのように保育すればよいと思う。

しかし平等について考え方を変えてみると、ほかの方法も可能となる。まず子どもたちとの対話から始め、これからの旬な野菜について語り合ったあと、子どもたちがそれぞれ自分の育てたい野菜を選択する。多くの場合1種類の野菜を3〜4人が選んでいる。種類を多くできない場合もあるが、その場合には子どもたちが相談して折り合いをつけなければいけない場面もあるかもしれない。そして種や苗の金額を調べたり、注文したり、買いに出かけたりするのも同じ野菜を選んだ子どものグループで行う。

　そのようにして栽培を始め、どのような点に注意をして栽培するのかなどについて話し合いをもったり、図書館に出かけて調べたりすることもできる。そしてそれぞれの育てている野菜がどのように成長しているのかについて記録を取ってみる。観察記録として写真を貼ったり、文章で表現したりするが、継続して書き込んだり、見たりできるように、ロール紙などを利用するとよいだろう。

　そのロール紙にクラスが栽培している全部の野菜を書き込めるようにし、何月何日にどうのように育っているのか、どんな作業をしたのか、収穫した野菜はどうだったのかなどを誰でもひと目でわかるようにする。みんなに見えるように、クラスの廊下やときには玄関などに掲示すると、自分が育てている野菜だけでなく、他のグループが育てている野菜の成長の様子も知ることができ、他のクラスの子どもたちや、先生たち、保護者の方々、園を訪れる人たちにも共有される情報となる。また、そのように情報を共有することによって、それらの人々から新たな価値がもたらされ、学びの可能性が広がる。

2013年の、「はたけの記録」。

　教育学者、大田堯（*1）は「問題と答えの間を短くしない」という。それは問題に対して少しでも早く、求められた答えを出すことではなく、問題に向き合ってさまざまに思考して、自分の答えにたどり着く過程が学びの本質であることを表している。見た目や結果を同じにする平等から離れ、一人ひとりの興味や関心を大切にすることによって、一人ひとりが深く学ぶと同時に、異なる意見を伝え合い、互いに学び合うことが可能となる。このようにすれば、本質に近づこうとするプロセスの充実が図られるのではないだろうか。

　また「平等とは『均等』や『均質』である」という考えから離れると、保育者の子どもとの距離の取り方にも影響してくる。つまり、全員に同じことをしなくてはという呪縛から解き放たれ、今この子は何を必要としているのかというところで、保育者として向き合えるわけだ。

上／畑を作りたい子どもたちのグループ。
右／こちらは泥だんごチーム。

人はそれぞれ自分がやってみたいことをやりながら、そのなかで経験的に学ぶ。その考えたことを表現すると、当然ほかの人たちと意見が異なる場面に遭遇する。その意見の異なりを抑え込んでしまうのではなく、意見表明しながら調整する生き方、つまり多様性を生かし合う社会の実現が求められるのではないだろうか？

今一度、保育のなかでみんなが同じにすることについて、平等に保育しているとして思考をストップさせないで、「なぜ同じなのだろう？」と疑問をもち、保育者みんなで話し合う必要がある。

1) 大田堯　1918年、広島生まれ。教育学者で、専門は教育史・教育哲学。東京大学教授、都留文科大学学長を歴任。「日本子どもを守る会」会長。

2　「関係性」

　保育のなかではしばしば「みんなで一緒に」という言葉が用いられる。もちろん個は関係性（互いに関係をもつこと、関わりをもつこと）によって育まれるのだが、単純にみんなで一斉に同じことをするときに、関係性は機能するのだろうか。

　保育において、みんなで一緒に同じことをさせる場面は多く見られる。この場面の集団において、他者と異なることをしたり、異なる意見をもったりすることは許されているだろうか。「私はやりたくない」ということを発言し、その場から立ち去ることは、ほぼ多くの場合許されていない。「みんなで一緒に」という関係は、同一行動、同一手法によって集団から抜け出すことを暗黙のうちに禁止している可能性が高いばかりでなく、みんなと同じことをする安心感を植えつけ、集団に従うべきという感覚を身につけさせてしまっているのではないだろうか。

　安心感も必要であるが、安心感を獲得する陰で「私はこう思う」という心持ちや表明することを抑え込んでいる可能性も高い。そのようにして集団のなかで個が発揮されにくい土壌を強化している。一見すると集団としてまとまった行動ができているように見えても、それが心の底からみんなと合わせたいという感覚を伴っているかどうかが問題である。

　我が国では「場の空気を読む」ことを求める場面が多い。確かにその場で行われていると、求められていることを理解し、それにふさわしい態度や行動をとることは必要である。しか

し、各人がその場の雰囲気を察知し、それぞれの判断でその状況に
ふさわしい発言や行動をとるのと、外形的に権力をもっている者の
顔色を読みながら求められた行動をするのでは、意味が異なる。我
が国において場の空気を読むことは、自分のなかから生まれた意見
ではなく、その場を支配する権力者が求める意見に同調する内容を
発言することに置き換えられてしまうのである。

　興味や関心をともにし、探究するなかで相互に考えを表明したり
他者の意見を通じて互いの意見を批判的に考え合ったりする仲間関
係のなかでは、むしろ他者との違いが「私」という感覚を育んでいる。

　判断基準を、権力をもちその場を支配する他者に求めることに
よって、依存心が生まれ、大人になっても自己決定できず判断や決
定を他者にゆだねる姿勢につながる。また、批判的にものごとを見
ることを不可能にしてしまう。そして相互の意見を表現し合い、対
話により物事が決定される社会の実現を阻害しているのである。

上／米子の中海は、海？
下／頭を寄せ合い、地図
とにらめっこ。

3　「感性」「想像性」

　子どもはしばしばごっこ遊びなど、多くの場面で模倣をしている。模倣するということは
将来生きていくために必要なものごとを学んでいるということである。ごっこ遊びには模倣
のもととなるイメージが必要であり、それが豊かでなければ学びは成立しない。したがって子
どもにとっての物的環境は、感覚器官を十分に活用するものが望ましく、日常生活の中で、
視覚、触覚、聴覚、嗅覚、味覚などの五感を使う「モノ」が大切となる。遊びを通じて感覚
が発達し、自分の世界が広がっていく。子どもの中に「モノとモノ」「自分とモノ」の関係
が蓄積すると、それが次の経験を予測させるようになり、五感を通じてイメージもより高度
になる。

　子どもはさまざまな経験を通じてイメージを描くようになり、しだいに仲間と共通するイ
メージで遊ぶようになる。人はイメージできないものは描くことも、言語化することも、実
現することもできない。このさまざまなものを思い浮かべたり、細部にわたり想像したりす
るなど、イメージする生活が十分に時間をかけて行われることで、予測や仮説を立てて見通
しをもった生活を送ることもできる。また共通のイメージを作り出すことでより多くの人々
と関係をつなぐことが可能となる。そしてなによりも他者との関係を結ぶことが互いに育ち
合うことに関係する。小学校以降の学習では言語が重視されつつあるが、それ以前にイメー
ジすることが大切となる。

お宝の正体を検証中。

左・右／浜辺で拾ってきた「お宝」の数々は、見やすいように展示され、誰でも手に取って見ることができる。

4 「対話」

保育における対話

　複雑化した社会において、対話は多くの人から大切であると認識されながら、効率性を求めるあまり、実際にはできていないことが多い。生活のなかでの「対話」とは、「話す」と「聞く」の役割分担の多少はあるにしても、対等な関係が前提となって進められるものが一般的な認識であろう。

　保育のなかで保育者が発する言葉は、保育者ひとり対クラス全員となっていることが多い。特に保育においては、子どもに対する指示、命令、注意が多く、人として子どもと語り合う場面を見ることはほとんどない。しかし、筆者は以前デンマークの保育施設において、園庭のベンチで40分以上にわたり保育者と子どもがほぼ1対1で語り合っている場面を見て驚いたことがある。そのとき日本の保育での場面を振り返ってみたが、保育者ひとりがクラス全員を対象に話すことはあっても、1対1で対話している場面は、ほぼ指示、命令、注意など、いわゆる言葉による指導であった。

　それでは保育において、なぜ対話が大切になるのだろう。対話は、人と人の間に存在するものと考えることが多いが、実際には内なる自分と対話することの方が多い。それだけでなく「モノ」との対話も存在する。

　佐伯胖(ゆたか)のドーナツ理論(*2)によると、人が自分の領域を広げる際、いきなり外界とつながるよりも、共感してくれる二人称的仲介者が必要となる。そして「モノ」とのかかわりについても、感触を味わい、想像し、作り出し、工夫し、改良していくことでその物に愛着をもち、二人称的関係を築いていくとする。物と対話し、物を媒介としながら自分自身と対話をしているのである。確かに子どもたちは、物を作ったとき、家庭へ持ち帰ろうとするが、それは自分の経験から生み出された「もうひとりの私」としての制作物であり、それを保護者に見てほしいと願うからであろう。そして、その制作物を介して保護者との関係を作り出しているのである。

上／軽い粘土で作られた、1歳児の作品。
下／ネジ型パスタに興味をもった1歳児の作品。

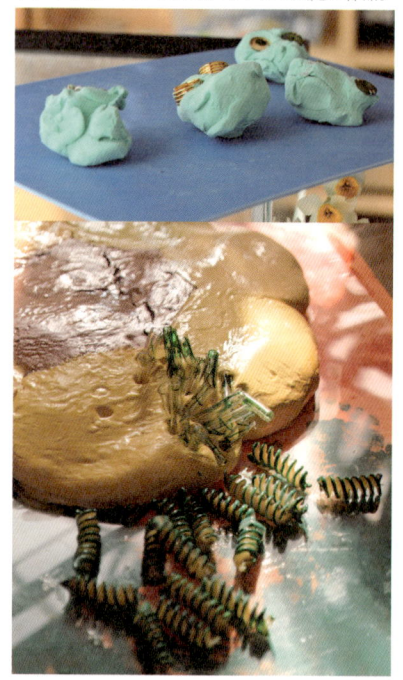

対話における多様性の発見

　そして、対話はものごとの多様な姿を描き出すことにつながっている。自分が見ていたことも、他者が見ると異なっているなどを通じて多様性を見つけ出し、そのことが新たな世界の広がりのきっかけを生み出している。知識はもちろんそれらを助長するが、思考の方法などにも強い影響を与える。

　このように対話することにより、自分の経験を振り返り、イメージとして呼び起こし、思考を整理したり、新たな思考を取り込んだり、それらを以前の経験で得た知識や考えを組み合わせたりして学びが広がり深まっていく。

　だが日本の場合、子育てのなかや保育において欧米ほど「世界」と「個」を対立的に意識させたり、そのために保育室に鏡を置いたりすることはあまり見られない。むしろあいまいな個をそのままにして、世界との一体感を経て「私」を意識させているように見える。その世界との一体感のなかで、共同体のなかからモデルを見出し、仲間との協同的学びによって、世界を広げてきたのである。であるからこそ、仲間との協同的学びの内容に責任をもち、注意を払わなければならない。

　しかしながら、現代の学びは協同性を失って孤立しており、さらに知識の習得に偏っていることによって、学びの広がりや深まりが希薄となっている。このような学習環境の大きな変化にもかかわらず、さらに学校など学びの場においても、関係性を大切にした学びが重視されていない。

　いずれにしても、「モノ」や「コト」を通じた自分の内面との対話や他者との対話が個の世界をふくらませ、さらなる学びの意欲や態度や心情を培う基礎となることは保育において重要なことである。

上／田んぼへ水を引く水路のシミュレーション。
下／大人も巻き込んで、だんだん水路ができてくる。

対話と同僚性

　同僚性とは、教育理論の研究で注目されているキーワードで、教員同士が支え合い、それが力量形成につながる関係をいう。

　保育における同僚性は思いのほか軽視されている。それはクラス運営という言葉に象徴さ

れるように、一国一城の主的なイメージで担任がとらえられていることも原因だろう。

　環境としての「人」は、その重要性について多くの保育者から認識されているにも関わらず、保育者間の同僚性については認識の希薄さを感じる。人的環境としての保育者は、子どもが見て学ぶための存在として認識されていることが多く、保育の質の向上のために、子どもや保育について保育者同士が互いに語り合い、学び合う場面は少ない。子どもを見て学ぶことを基本としながらも、互いに見たものごとについて自分の意見を伝え合い、語り合うことで保育の質は向上する。さまざまなヒントは、関係性のなかに存在し、最も身近な、そして同じ目的を持って生活している者同士、学び合うことは自然なことであり、子どもたちが保育者のそのような学び合いの姿を見ることは、子どもたちにとっても学びとなる。

2）佐伯胖のドーナツ理論　認知心理学者・佐伯胖が唱えた理論。二重の円を描き、最も内側の円を子ども（I）とし、2重の円にはさまれたドーナツ部分を教師や保育者（YOU）とし、さらにその外を外側の世界（THEY）とする。教師はIとTHEYの間をつなぐ者として、両方の接点を重視しなければならないとする。

5 「探究心」

　「探究するなかで培われる能力」は、近年ますます注目されることが多くなっている。それは従来の学習が「知識や技術」を習得することであったのに対し、生きる力として「判断力、表現力、思考力」などを、新しい学力観として着目するようになったことから見ても明らかである。

　探究心は、これらを好循環として培うために、大きな役割を果たしている。何かについて本質を突きつめたいという欲求は、根源的に誰のなかにも存在するものである。生物は本来環境から学ぶ存在だが、それは探究することが自分の生命を維持することに直結しているからである。そしてそれは次なる生活圏の拡大、つまりさらなる外界への適合の意欲として循環するものだ。しかしそれは、探究する楽しさを知らなければ消えていくものでもある。生きる意欲と探究心は関係し、自発性に影響を与える。

　ところが保育者は、近年知識伝達のための機械のごとく扱われており、子ども一人ひとりの姿に共感し、子どもに「発達の最近接領域」(*3)として足場を与える存在と見られていない。だが、本来保育者は探求する子どもの共感者であり、自らの学びを再度学び直す探究者でなければならない。自らの学びを学び直すとは、すなわち「知らないことについて知ることはできない」というヴィゴツキーの述べているところであり、知ろうとする生活によって培われてきた先に存在するものだ。したがって、保育者自身が探究する楽しさを感じられなければ、知識を正解として与えることはできても、子どもの探究する楽しさに共感できない。

　これが今、保育現場の最も深刻な課題となっているのではないだろうか。だがこれについ

ても放置するわけにはいかない。保育者は、丹念に子どもが興味や関心をもっていることについて、とにかく調べてみることから始めなければならない。自らの今までの知識に違う側面を見出すならば、それが探究のきっかけとなり、これらが積み重なれば子どもの深い学びへのヒントが見つかるようになるだろう。

　探究とは生涯発達するための循環であり、それらは環境に順応することから始めて、自分なりの解決方法、いわゆる成功パターンを身につけ、さらに青虫からさなぎを経て蝶へ変容するように、多様な文化を知り、多様な考え方をするようになるという、新しい自分を生み出す循環である。　保育者自身がそれらを体現するよう育っていく必要がある。探究と環境については、探究することにより環境が変化したり、環境を工夫することにより探究に変化が起きたりするというように、相互に影響を与えるものである。

3) 発達の最近接領域　ヴィゴツキーの唱えたもの。子どもが自分ひとりでできることと、大人や仲間のちょっとした手助けでできることの水準のズレをいう。ごく簡単にいうと、その子のもつ成長の伸びしろ、成長の可能性。

上／子どもといっしょに店員の話をきく。
下／展開を予想して、必要な資料や本を出しておく。

6　Web（ウェッブ）について

　プロジェクト保育は、保育者と子どもたちが対話によりともに自分たちの仮説を立て、できうる限りの探究によってものごとの本質に迫ろうとする学び方であり、探究の結果というよりも、探究する過程が学びそのものであるととらえる。その過程においてWeb（ウェッブ）という手法を用いることは、学びをサポートするうえで手助けとなる。

　Webとは、思考の整理方法のひとつだが、描かれた姿が網目状に広がりを見せることからそのように名づけられている。

　保育においてWebを作成する行為は、トピックというひとつの事柄について共同注視し、子どもがそれぞれの経験によって蓄えている情報を引き出すことによって学び合うことができる。

　また、Web作成において、文字を意識する場合には意図的に文字として描いてもよいが、文字でなければならない制限はなく、イラストなどによっても描くことができる。むしろイラストや写真などのほうがイメージしやすい。

Webを作ると、そのテーマの様々な姿が見えてくる

　Webはひとつのものごとの多様な姿を浮き彫りにし、視覚化するものである。子どもたちがお店屋さんごっこで、お店に必要な要素を話し合って作成したWebのひとつに、カップケーキ屋さんがあった。そのなかで子どもたちは、カップケーキを作るために必要な材料を整理したが、同時にお店としての機能として音楽を流すことを思いついた。このようにひとつのものごとにたくさんの要素があること話し合い、視覚的に描くことで共通の認識が得られていく。

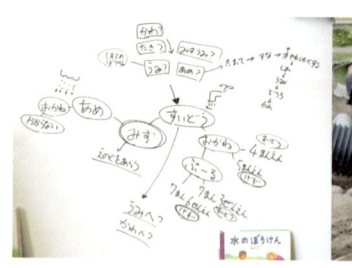

左／「田んぼに水を引こう」プロジェクトのWeb。
右／さっそく水路の製作がはじまった。

テーマの中に含まれる要素が整理される

　ものごとの多様な姿をWebとして描くと、ひとつのトピックを「飛行機」としたとき、子どもたちとの対話から飛行機に関連した単語、たとえばジェット機、機長、CA、翼、大きなタイヤ、飛行場、滑走路、管制塔、飛行機雲、外国、アメリカ、ブラジルなどが浮かび上がる。

　しかしこれら思いつくままに書き出された言葉は、飛行機に関係する多面的な姿ではあっても、それぞれが思いつくままに発せられた言葉の羅列である。

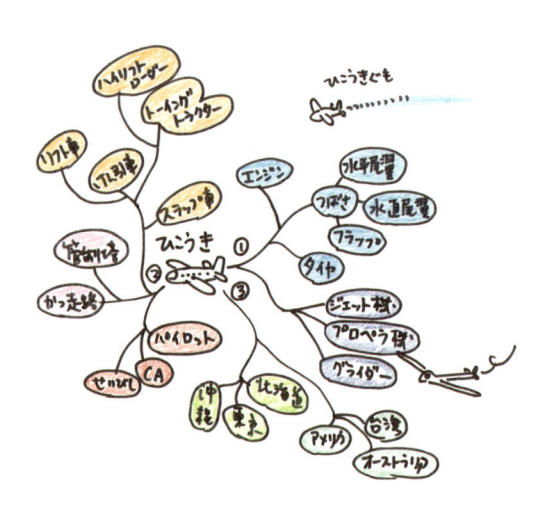

　これらを飛行機の機体に関係するものとして整理すると、①機体に関する事柄、②飛行機に関係する仕事や飛行機の周辺に関する事柄、③旅行に関する事柄などとしてまとめることができる。

　①機体（大きさや形状を含む）に関する事柄について質問を絞り込むと、今まで以上にイメージしやすくなり、ジェット機、プロペラ機、翼、エンジン、水平尾翼、垂直尾翼、フラップ、タイヤ、飛行機雲など発言も増える。②としては滑走路、管制塔、働く人（機長、CA、機体整備、清掃員、保安警備など）、働く車などが整理されて出てくる。また、③として分類すると、外国、ブラジル、アメリカ、台湾、インド、オーストラリア、イギリスなど、そして国内、東京、福岡、大阪、札幌などの都市の名前が出てくる。

　このように整理し、書き出すと、さらにその関連したものが思い浮かびやすくなる。

Webはさまざまな人によって描くことが可能である

　Webには、保育者が子どもとともに作成するもの、保育者のみで作成するもの、保護者などとともに作成するもの、子どものみで作成するものなどがある。また、Webは掲示しておいて、後から思いついたことを書き足すことも可能だ。

　通常保育のなかでは、子どもたちとトピックについて対話しながら描き出すことが多い。それとは別に、トピックについて、保育計画の段階で保育者がトピックはどのような方向へ進む可能性があるかを知る手がかりとなる。あるいは、どのような学びが考えられるかなどを把握するために描くと、学びの全体像をある程度把握することができる。キルパトリック（8ページ1）参照）がいうところの「価値の地図」を描く手助けとなる。

予測、現状把握、振り返り

　このように「価値の地図」は、探究の始まりにおいては今後の予測として活用できるが、はじめに作成したものを掲示しておけば、活動が進むなかで自分たちが何をしようとしているのか、現状を把握するために役立つ。そして終了後においては、自分たちが何に取り組み、どんなことが起こり、何を学び、今どうなっているのかなど、取り組みの全体像を振り返ることができる。

発言が視覚化されることで、次の思考や発想のヒントになる

　音声は消えてしまうが、文字や絵などによって視覚化されるとあとに残すことができる。内容が次々と展開され、関連するものを明確に言語化できずに、もどかしい思いをしている場合でも、あとで思考が整理されたとき、自分の考えをつけ加えることができる。

　またWebを掲示すると、参加していない子どもや保護者も含めた保育に関わるすべての人に対して、活動を理解する手助けになる。

顔プロジェクトのWeb。2歳児クラス。

参加者一人ひとりの考え方や意見の違いがわかる

　一人ひとりは、異なる家庭の文化のなかで育ち、なおかつ個人の特性には違いがある。それぞれ異なる発想や考え方をもち、知識の蓄積の仕方やその内容も異なっている。その違いが生かされ生活に反映され、探究を通じてそれを感じたり、理解しようとしたり努力することが大切になる。その点で、Webはひとつのトピックに対する多様な意見が出され、それが視覚的な情報として残っていくところに意味がある。

　そして、参加者（探究者）一人ひとりの発言がグループのみんなに生かされ、個人の全体への貢献が図られる。

7 「イメージ」

　1歳児の部屋のそばを通ると、時折、かんかん、カサカサという音とともに、「ガチャガチャ」という子どもの声が聞こえてくる。それは、ままごと遊びに没頭している楽しそうな声である。そのように子どもたちが遊ぶということは、日常生活の一場面を意図的に模倣し、再現しているということである。そしてその模倣は、元の姿を心の中で思い浮かべる、つまり「イメージ」できなければ成立しない。

　大人も生活のなかで常に誰かと共通のイメージをもちながら生きているが、特に会話をするときには共通のイメージができなければ成立しないことも多くある。イメージを共有することはとても重要なのである。

　1歳くらいでは、ひとりで、あるいはふたり程度の人数で同じことを遊ぶ姿が見られる。もちろん並行遊びであり、どの子もお母さん役をイメージしているのだが、それでも一緒に楽しそうに遊んでいる。やがて少しずつ関わりをもって遊ぶようになり、3歳以降にはイメージがより具体的になり、想像する力がふくらんでくる。すると、役割分担してより楽しく遊ぶようになる。

　このように、1歳児の子どもたちがままごと遊びをしている姿は、家庭での大人の姿をイメージし、共有して生きていこうとするさきがけの姿なのだ。そしてそれを通じて将来生きていくために必要なことを学んでいる姿なのである。

　「想像する」ことで、他者と関係を結び、意思の疎通をし、はじめて「互いに自己を育て合う」ことができる。人は物や人とかかわりあうことによって自分の世界を広げ、深めている。つまりイメージできなければ学びに影響するのである。そしてイメージするためには自分自身が学びの主体となって物や他者とかかわる生活をくり返し、そのときそのときに没頭して充実し、表現し、本人が振り返り、感覚を豊かに育みながら生きていくことが大切である。

保育園では運動会が終わってからも、外遊びにおいて運動会の中の人気種目が遊びとして自発的に継続されている。運動会とまったく同じというわけではなく、年長児のダンスを3歳、4歳児が年長児に教わりながら踊っており、年長児のクラス対抗リレーを4歳児も一緒になって再現している。運動会で見た年長児たちの姿を見て、自分もあのようになりたいと思っているのだろう。つまり、そばに生き生きと輝く人がいて、あのようになりたいという心が芽生え、イメージが生まれるのだ。

　0～1歳児が生活する様子を見ると、4～5歳児とは明らかに異なる姿をたくさん見かける。大人にとって意味のない行動として見えるのは、大人が意味と関連づけて生活することから見ているためだ。しかし、早く意味のある行動をさせようとする必要はまったくない。むしろ、より多くの意味づけされない感覚的な行動によって、環境から学ぶほうがよい。視覚や聴覚などの五感から取り込んだ情報が意味をもった行動として処理されるためには、イメージとして結びつくことが大切だ。そのイメージの基本となる部分を、充実する必要がある。

光るものや透明なものに興味があり、ランプシェードを製作中。

なんでも「はがす」のが大好き。はがせる絵の具でよく遊ぶ。

左／色水遊びの途中。右／ままごと遊びのあと。ハーブティー！？

2 プロジェクト保育を支える環境

　さまざまな保育を支えるために必要となるものについては、まず物的な環境を思い浮かべるが、それらは重要であるとしても、それらが必要であるための背景となる考え方が存在する。

　「保育のねらいが違えば、方法が異なる」とR・ウィリアムスは語った（1998年5月、広島）。まさに保育の方法として目に見えているところには、その背景にねらいが存在しており、逆にいえば、見えている保育環境は、意図性の有無にかかわらず何らかの考え方や文化の反映を意味している。

　実際、保育においてプロジェクトを進めようとする場合、ふたつの環境が必要であることを実感している。そのひとつは基本的な保育環境、ふたつめは小グループでの活動への対応としての配置基準的意味での環境である。

　さらに保育環境には、空間的（物的）、時間的、人的環境の充実が求められる。

空間的（物的）環境

　人は環境に順応したり、環境を活用したりしながら、環境に変化を与え、生きていくために必要なことを学んでいる。それだけに子どもの育つ空間的な保育環境については、日ごろからくり返し考える必要がある。

　保育環境というと従来は保育施設内の環境を意味していた。もちろんそれが基本となるが、施設外に存在する地域のさまざまな環境も、保育における大切な資源と考えたい。実際地域のなかには、文化的生活を営む専門家集団としての、地域の人々が存在する。そのように考えるならば、保育を利用している保護者の家庭は、それぞれ独自の価値観や文化を育んでいる存在である。

　子どもたちは、生活という文化のなかで学ぶのだから、子どもたちを取り巻く環境は、すべてが学びのために重要な素材となる。仮にいつも食べているごはんについて、お米のプロジェクトとして活動として考えてみよう。田植えや稲刈りの体験をするところもあり、それらは体験と成果という結果を重んじているわけだが、学びはどこにあると考えて実践しているのだろうか。もちろん何もしなければ何も起こらず、米の生産への関心はもたないまま生活することになる。それが良いか悪いかの話ではなく、何を大切にして保育するかにかかっている。

　つまり保育施設全体として、あるいはクラスが、米の生産を通じてどのように何を学ぶことを期待しているのかについて考えるということだ。稲刈りという体験を通じて米を収穫するという結果を重視するだけでなく、もっと、植物としての米について学びたい。あるいは

農作業を通じて食への関心を深めたり、農家の方々の楽しさや苦労などについて学びたい。ほかにも、おいしくいただくためにどのような料理があるのか等々、米そのものの本質に迫りたい。さらに流通について探究し、どのようにして食卓へ届くのかも学びたい。このようにねらいが明確になれば、それらを学びの素材として見ることも可能である。いつでも稲の生長を見ることが可能な環境を用意すれば活動は深まり、園内にそれらの環境を求めれば、工夫次第でそれも可能となる。園外にそれらの環境があるならば、農家の方の協力を得ることもできる。

　室内の保育環境については、我が国では一般的に発達に関わるおもちゃ類が少なく、子ども自身が遊びを選ぶことが難しい場合が多い。それは集団一斉が中心の保育であるため、保育者がその日の保育内容を決定していることに起因しているのだろう。欧米で見られるような、エリアを設定した室内保育環境も近年増えてきたが、そのどちらが正しいか間違いかではなく、何をねらいとして、どのような保育環境を準備するのかという問題だ。

上／木の実、広告の切り抜きなど。いろいろな素材がすぐ取り出せるように小分けしてある。
下／テラスある大きなイーゼル。いつでも絵が描ける。

　このように園内外の子どもたちに身近な環境は、保育の題材としてプロジェクトすることが可能であり、特に基本的環境について、ねらいと空間的保育環境や後述する時間のかけ方などを十分に考える必要がある。

　基本的な環境として次に考えたいのは、施設の園庭や保育室の遊び環境である。そもそも園内の環境とは何を意図して整備されているのだろう。本来保育施設における物的環境は、このような遊びをしてほしいという、子どもの成長に対する願い、発達への期待を込めながら整備されているはずである。

事故防止

　近年事故防止のために、鉄棒、ブランコなどさまざまな園庭遊具が撤去される傾向にある。重大事故は起こってはならないが、今まで存在していた意味を考えず、単純に事故防止のためだけを目的として撤去を判断してしまうのは、あまりに事なかれ主義に陥っているといえないだろうか。

　そのような対応をしても、ますます子どもは危険なところを見つけ出し、それで遊ぼうとするだろう。それが子どもにとって生きていくうえで必要な遊びであるからだ。子どもは自分の身を守るために、自分が危険にどの程度対応可能かを知る必要があるから、危険なこと

をして学ぼうとする。それらの環境を撤去する方が、長い目で見れば子どもにとって危険なのだ。環境から学ぶということは、危険についてだけではない。遊びながらその中で物や人とかかわりつつ学び、経験を重ね、次第に外の世界の領域を自ら広げていくのである。

左／園庭奥には岩山があり、水をくみあげて池へ流している。　右／池のほとりには、夏の間、田んぼができる。

時間的環境

　それぞれの子どもが自分の遊びに没頭するためには時間が必要である。ところが時間は、保育者によってコントロールされていることがほとんどである。そこには子どもが何をしようとしているかという視点はなく、子どもは何ができていないのかを中心に考えて、できるようにするための保育が計画される。よって時間は子どもではなく、保育者が支配する。

　人が自分で主体的に生きていると感じるためには、他者からの承認、自己判断や自己決定する場面をもつこと、活動の内容を進めている主体であることの実感、そして時間をコントロールしている感覚をもつことが大切となる。

　十分に時間をかけて遊び込み、自分で遊びを支配し、つくりかえていくには時間が必要である。プロジェクトで活動するということは、一日一日と時間を区切るのではなく、子どもや保育者が時間をかける必要があると思えば、そうすればよいということであり、熱中すると時間を忘れて没頭するその感覚を大切にするということである。それが一日であれば一日で終わればよく、数か月必要ならば数か月かければよい。このあたりは、期限が決まっている一般的なプロジェクトの概念と、最も大きく異なるところである。

　子どもは赤ちゃんのときから周辺のものごとを取り込み、それらとの関係のなかで学んでいるため、養護と教育は分けられない。人は自ら環境へ順応し、自分なりの問題解決の方法を見出し、さ

葉っぱや枝を集める。

らに多様な価値を取り込んで自己を変容する可能性をもっており、阻害されなければ、人は赤ちゃんのときから有能な学び手として、生涯同じように学んでいく。

　また、身体的、情緒的、認知的な発達を一緒に培うためには、さまざまな遊びの要素があり、毎日の遊びに没頭できる環境が、保育者の意図として、室内にも園庭にも整備されるべきである。

　毎日登園し、保育者が準備しなければ遊べなかったり、保育者が保育内容をすべて支配していたりすることによって、子どもたちは主体的に活動することをあきらめているのではないだろうか。

　子ども自身に遊びたいことがあり、それに向かって自分で内容をデザインすることが可能な保育が、プロジェクト保育の一面であり、重要な点である。

上／まず、葉っぱをデザイン。
下／次に枝を配置。

ようやく完成。ひとりで、じっくり取り組んだ。

人的配置

　学びの循環に必要なものは環境であり、そこを心地よい自分の居場所として感じることができなければならない。それは子どもも大人も同じである。それらは個々にあるいは、4〜5歳児になると4〜5人程度で役割分担しながら遊ぼうとする。そのほうが学びは深まり広がっていくからである。4〜5人程度の仲間関係による探究が学びを充実させるならば、現在の配置基準はいったい何を表しているのだろう。

　実際自由に遊んでいるとき、たとえば園庭での遊びのなかで、何か面白そうなことが起こって人が集まるときの人数は、ほぼ4〜5人程度、せいぜい6人までである。このように何かに興味や関心を示し、探求しようとする基本的な仲間の人数は4〜5人程度であり、これくらいの小グループが活動するとき、最も学びが深まる。ならば、4〜5人程度の人数を基本

単位として考えるべきではないだろうか。

　それをもとに、仮に1週の5日間をそれぞれのグループの活動へ単純に当てはめるならば、ひとクラスは25人までのクラス編成となるべきである。さらにそれらの小グループが一日活動し、それをひとりの保育者がともに活動へ加わると、残りの20人は別のもうひとりの保育者が見なければならない。つまり、小グループで活動を実践する際に必要な人的配置は、25名のクラスに2名の保育者ということになる。すなわち子ども12名に対して1名の保育者配置が理想となる。これらは単純に計算したものだが、実際に小グループでの活動を実践してきた者の実感でもある。理想はこのような配置であり、日本の配置基準と大きな差があるが、工夫を凝らして対応し、何としても保育の質が向上しない理由を、配置基準の不備に帰することだけは避けたい。

赤碕保育園のアトリエ。ガラスに残るのは子どもが「はがせる絵の具」で遊んだあと。

第4章

生活とアートのつながり

1 その子は何を表したいのか

　主体である子どもから生活を考え、表現することを人間の生得的な営みとしてとらえる。このような仕組みのなかで保育を深めようとすると、生活と表現活動は切り離せない関係となる。しかし現実の保育では、造形活動は一斉活動の作品作りとしてとらえられ、子ども一人ひとりの生活とは切り離されて行われていることが多い。

　そのような表現活動のあり方も、子どもの主体性とその子らしさを大切にした表現活動、生活と一体化した表現活動へ変えていくことができる。どのように変わっていったのか、T園の年中児のいも掘りの事例から考えてみたい。

　当初、そのクラスのいも掘りの絵は、どの子の絵もいも掘りをしている様子を描いた均一な表現にとどまっていた。しかし、子どものなかにある「いもほり」は、いも掘りをしたことだけでなく、いも掘りのなかで出会ったできごと、感じたこと、経験したことのすべてが「いもほり」であり、その内容は、その子の感じ方や興味や経験によって異なるはずである。

　大人は「いもほり」と聞けば、視覚的な映像で「いもほり」をイメージし、「いもほりをしているところ」や「いも」の写実的な映像を想像するが、それは視覚のなかでイメージしようとする大人のリアリティーである。子どもは、すべての感覚と経験によってそれをイメージするため、そのような大人のイメージとは異なってくる。それを、大人のリアリティーで描かせようとすると、大人のイメージと表現方法に支配された均一的な表現にとどまってしまう。

　翌年、担任は、子どもがいも掘りで「何を描きたいのか」を引き出してみようとした。担任は、描く前に車座になって、楽しかったこと、見つけたこと、どんな気持ちや感じがしたかを子どもたちにたずねてみた。子どもたちは次々と感じたことや見つけたことや思ったこと、いも掘りのときの様子や、それまでのできごとを言葉で語っていった。育てた過程を想起し描く子、大きないもが出てきたことの感動を描く子、活動の最中に出会った虫とのできごとを描く子、絵本の物語といも掘りを結びつけて描く子など、子どもの感じたこと、興味のあったことに委ねながら描かせることによって表現は大きく変わっていった。

　このときの「子どもに任せて自由に描かせていいんだ」という保育者のつぶやきは、もちろん、大前提として、いも掘りや、そこに至るまでの子どもの経験の豊かさと、ふだんの生活で一人ひとりの感じ方が耕されていたからこそだといえる。「いも掘りの絵は、こう描かせなければならな

い」という思い込みが保育者の心のどこかにあったとするならば、子どもの表現はそれ以上には広がってはいかない。子どもの想像力に委ねたとき、子どもの表現は私たちの想像を超えていくのであり、その表現に出会えるときが、子どもの学びを確かめられるときでもある。

A「おいもをほっているところ」。掘る過程のできごとがスクリブルで表現されている。
B「雨の日と晴れの日があっておいもが掘れたよ」。雨や太陽の力を感じ、育てた過程が表現されている。
C「おいものおしろがみどりのわるものにこわされて、おんなのこが『やめてください』といったら、ネズミがガリっとかじってわるものがしんじゃった。あーあんしん。はっぴょうかいにいけるわ」

　たとえば、Aの作品は、大切に育てたいもが掘り出されたときの喜びをスクリブルで表している。「いもを掘っているところ」として、そのときの行為やできごとを想起し、そのプロセスがそのときの気持ちと一緒になって線のなかに込められるように描かれている。Bの作品では、雨や太陽の光によって育っていったいもの成長のプロセスが、収穫の喜びと重なり描かれている。Cの作品は、いも掘りという体験と自分の生活と物語のファンタジーとが結びつき、その子の世界が描かれている。
　どの作品をとっても、一つひとつがその子の背景と関わり異なっている。「子どもの興味や気づきから始まる保育」「子どもが主体となる保育」の創造は、表現のなかでいかに「その子らしさ」を深めていくかというところから始まる。それを、この事例は教えてくれる。

2 「つながる保育」の構想

1 できごとの連続性 ―点から線の保育―

　「その子らしさ」を生み出す保育の背景について、「いも掘り」を事例にさらに考えてみたい。

　たとえば、多くの園では、いも掘りはひとつの行事として位置し、その行事が終わればいも掘りの絵を描くという程度でその活動は終わってしまう。行事は行事で終わってしまい、子どもの体験は断片的なものとなり、得られる知識も断片的なものにしかなっていかない。重要なのは、生活と表現、体験と体験、遊びと遊びをつなげ、広がりと深まりのある保育をどう構築していくかというところだ。「点ではなく、線として広がりつながっていく保育」。その構想力が、今、求められている。

　T園の先の表現の変容に見るように、表現の深まりは、その背景にある生活をどう深めていくかということであり、表現は結果として変化していくものである。

　春に、子どもたちが皆で苗を畑に植え、水をやり、その生長を見ながら生活し、そして秋になっていもが地中で大きくなり始めたころ、先生はほんの少しだけ地面から見えるいもの写真を子どもたちに見せた。「おいもさんが『早くお外へ出てきたいよ』といっているよ」と投げかけ、地中で大きくなっているいもの世界を想像させた。そこに現れてくる絵は生活画ではなく、いもが地中で子どもたちに会うことを楽しみにしているように描かれた、想像の世界の表現であった。

　そして実際のいも掘りでは、いもとの感動の出会いにとどまらず、虫と遊び、掘った穴での温泉ごっこや探検ごっこが始まり、掘り出したいもを並べて遊んだほか、つるを用いたさまざまな遊びが展開していった。その後の日常の遊びのなかでも、いもや葉っぱやつるを用いてリースを作ったり、つるを2階から垂らして長さを確かめたり、保育室ではつるを使って隠れ家を作ったり、そして、絵本『大きなかぶ』の物語から、つるで綱引きごっこが始まっていった。また、コーナーに描画材が用意されると、葉っぱに絵を描いたり、絵の具で葉っぱにデカルコマニーを試みたり、葉っぱでオブジェを作ったりと、いも掘りで得た素材を使って幾日にもわたり活動が広がっていった。

　苗を植えたところから何か月もの時間のなかで、その保育はつながり進化していく。それは、どのような体験のなかにおいても同じである。そして、物との出会いに生まれるこのようなできごとは、子どもなりの興味や関心を伴って途切れることなくつながっていく。その一人ひとりの体験をつなげ、保育を構想していくところにアートの役割がある。

第4章　「生活とアートのつながり」

カナヘビ、発見！

葉っぱで作る。

リースを作って飾る。

葉っぱに描く。

「つる人間、登場！」

掘った穴で遊ぶ。

左／つるの隠れ家が生まれる。右／いもを並べてカニを作る。

上／葉っぱと描画材で遊ぶ。
下／つるの長さくらべ。

絵本『大きなかぶ』とつながり、綱引きごっこが生まれる。

57

2　表現活動が生活をつなげる

　春から始まる生活に支えられた表現は、ファンタジーと結びつき、生活の実感を深めながら進化していく。Aの作品は、「地下でお外に出るのを待っている」いもの様子が、子どもの願いと結びついて描かれている。Bの作品では、地下で大きく育ったいもから地下に広がるファンタジーの世界が生まれ、共同制作となって広がっている。そして、いも掘り後に描かれたCの作品は、体験の実感を通した感動と喜びが、生命が息吹くように描かれている。Dの作品は、掘り出されたいもがさまざまに個性をもってダンボールに描かれている。

Ⓐ（T園）

Ⓑ（N園）

Ⓒ（Y園）

Ⓓ（H園）

　さらに、いも掘りからつながる遊びは言葉と結びつき、物語を生み出し、歌遊びや劇遊びにつながっていく。ここでは、「言葉、音、身体、造形」による表現活動が生活をつなげ深めていく手段として作用している。

　2章のA園の事例では、いも掘りという共通の生活体験が元となり、里いものことを子どもたちは「さとさん」と呼び、さとさんを主人公にしたオリジナルな物語がファンタジーと結びつき、絵本（右ページ）が生まれた。それが歌になり、人形劇のシアター作りへと発展していった。

第4章 「生活とアートのつながり」

「さとさん物語」（一部抜粋）

右／さといものさとさんは、土の中。土のふとんでゆっくりねむっている。
下／あるとき「よいしょ」とぬかれてね、お外に出られてよろこんだ。みみずのみみちゃん「さようなら」。幼虫ようちゃん「さようなら」。

左／カラスのカーちゃん飛んできて、さとさんくわえて飛んでいく。
下／「キャー」と最初はこわかった。でもお空の散歩も楽しいな。つかれたカラスさんはさとさんを「ぽとり」と落とした。草の上、坂道ころころ転がった。どんどんころころ転がった。

下／「ドスン」とあなに落っこちた、さとさん「たんこぶ、おおいたい。」やさしいともだちやってきて、おくすりつけてくれました。
右／元気になったさとさんは、みんなにたのんだ。「たすけて」。つなひきわっしょいがんばって、あなから出られてよろこんだ。（以降略）

59

また、N園（写真E）では、いも掘りの共通の生活体験が、絵本『さつまのおいも』の物語とつながり、歌とつながり、ミュージカルという身体表現へと広がった。さらにK園（写真F）では、いも掘りから発展した劇遊びが「劇遊び楽しかったね」という絵になって表されている。そしてさらに、赤碕保育園の事例では、一連のいも掘りのできごとは、保育者が撮影した写真と子どもたちの言葉で構成され、子どもたちの共同製作によってドキュメンテーションとして展示され意味づけられていった（写真G）。

E「さつまのおいも」（N園）

F「劇遊び楽しかったね」（K園）

G 子どもと担任が作ったドキュメンテーション。

　子どもたちは、人間が持ち得ている表現手段、「言葉」「身体」「音」「造形」のすべてを駆使して表現を試みている。そして、体験したことのすべて、感じたこと、知り得たことのすべてを、それら4つの手段を通して結びつけていく。大人のイメージはまず言葉と結びつきやすいが、幼児においては、言葉と身体と音と造形から生まれるイメージが重なり合うことによって、想像力や感じ方はさらに多様なものとなり、その子の表現の可能性を広げていく。

第4章 「生活とアートのつながり」

3 「遊び込む」プロセス

　これは、Y園のケースである。子どもが自分たちで「遊び」を生み出し、日々その遊びを続け、つなげ、広げていく姿を見たとき、そこに保育の深まりを見ることができる。

　この園は、プロジェクト・アプローチに取り組んではいないが、その内容は類似する。それは、ひとりの子どものロボット遊びから始まる。ダンボールを使ってひとりの子どもがロボットを作っていた。それを見た数人の男の子たちも作り始め、ロボットの数は徐々に増えていった。そして、子どもたちは作ったロボットを身にまとい園内を練り歩き出し、ロボットの基地が生まれた。そんな遊びが展開しているころ、クラスの女の子の中では薬屋さんごっこが盛んに行われ、日々、新薬の研究に没頭する遊びを展開していた。いつの間にか、同じ空間で遊ぶ「ロボットごっこ」集団と「薬屋さんごっこ」集団は合体し、女の子たちがロボット開発の研究に関わるようになり、ふたつのごっこ遊びが融合した。

幾体もの個性をもったロボットが徐々に作られ、ごっこ遊びが展開していく。

「薬屋さんごっこ」は「ロボットごっこ」と合体し、研究開発の場所となり、エネルギーやロボットの開発やデータ管理がそこで行われている。

「ロボットごっこ」はクラス全体を巻き込み、劇遊びとなって卒園式の前日まで、日々さまざまなストーリーを描きながら続いていった。

　それぞれのロボットには特徴と弱点があり、「掃除をするけど悪には弱い」とか、「泣いてうるさいが、抱っこすると泣きやむ」とか、「空を飛ぶことができるがよくぶつかる」とか、「隠れるのがうまいが、すぐ充電が切れる」とか、まるで人間のように良いところと悪いところをもち備え、個性にあふれていた。

　ある朝、誰もまだ来ていない保育室の真ん中に一体のロボットが倒れていた。ある子が他の子どもが登園するのをダンボールのロボットの中に入って息をひそめて待っていたのである。その倒れているロボットを見つけた子どもたちは、すぐにその状態に反応し、そこからごっこ遊びが始まり、物語をつくっていく。そのころになると、ロボット遊びはクラス全体の遊びとなり、ごっこ遊びは「劇遊び」として展開し始めていった。ごっこ遊びを楽しむだけでなく、自分たちが監督や演出家や脚本家になりながら物語をつくり、劇をつくり出していったのである。

　保育室でのロボットごっこがさらに広がっていくころ、「本物のロボットってどんなんだろう？」ということが話題になっていた。担任は、その疑問を投げかけ、その言葉に触発された子どもたちは、ロボットへの興味を一段と深め、「本物のロボットがいるところを探して見に行こう」ということになり、科学館へ見学に行った。ここで興味深いのは、遠足や社会見学という行事も、子どもの興味や関心から位置づけられていくところである。そして、科学館から帰ってきた子どもたちのごっこ遊びはさらに発展していく。見学に行ってエネルギーに興味をもった子どもたちは、エネルギー開発の研究に没頭し始め、いろいろな充電装置が開発されていった。さらに、ロボットはより個性的なものとなり、そのデータは手作りのパソコンに管理されるようになった。これらの遊びは、ごっこ遊びのなかにさまざまなサイドストーリーを生んで進化していった。たとえばお店屋さんごっこのなかでは、バーコードで買い物をする設定がなされ、ロボットもバーコードを装着し、人間の生活とロボットとが交じり合うごっこ遊びが、保育室の中で繰り広げられていった。

　さらに、そのころになると、自分だけのマイロボットを、お互いに共有し合い、ほかの子どものロボットを装着し合って遊ぶようになった。ここにおいて、自分のテリトリーは崩壊し、空間とイメージは共有され、その空間は、「自分の空間でもあるが皆の空間でもあり」、私のロボットは「私のものでもあり皆のものでもある」という、所有意識が共有の意識へと

変容していったことがうかがえる。そのような状態に至ることによって、子どものイメージもさらに共有の意識を深め、ロボットは協同作品として位置づき、保育室において「ロボット劇場」が、日々、盛んなものとなっていった。そして、その活動は毎日毎日、数か月、卒園前日まで続いた。

　この事例では、ロボットと薬屋さんというふたつの「ごっこ遊び」の世界が融合することによって、子どもたちの世界観が広がり、未来を想像しながら子どもたちの物語は進化していった。このように子どもたち自身が、自分たちの興味と関心をもとに世界観を広げ、想像力と協同性を培いながら遊び込んでいくとき、そのプロセスに「主体的な深く広い学び」が生まれる。

4 「ドキュメンテーションとWeb（ウェッブ）」の役割

　子どもの主体性や自主性、その子らしさを大切にした生活や遊びを模索していくことは、それがいくら本質的によい保育であっても、まわりに理解されにくいところがある。その保育の意味をまわりにいかに理解してもらうかということが、これからの保育に求められている。園の外の人から見れば、「ただ遊ばせているだけではないか」という見方に対して、日々の子どもの行為や活動の一つひとつにある意味を、写真や言葉で保護者やまわりに伝えていく。そのことは、同時に、保育者自身にとって子どもの日々の学びを確かめていく作業になっていく。

　プロジェクト・アプローチに取り組む園では、日常の子どもの活動の写真と、その遊びや活動に説明を加えたドキュメンテーションが日々作られ、子どもを迎えにくる保護者に、そのときの活動や学び、その日々の保育が伝えられている。それは、保護者と保育者の「保育の共同性」をうながすものにもなっていく。

　ドキュメンテーションの製作において重視される視点は、「活動のプロセス」と「その子らしさ」「その子の学び」である。子どもを主体にした自発的な遊びを保障する保育の意味や、そこに培われる子どもの育ちがまわりに理解されるためには、子どもの遊びや言葉や仕草や作品の中にある「その子らしさ」を見つけ出し、そのプロセスにある内容を折々に保護者に伝えていくことが大切にされなければならない。そのために、子どもの遊びのプロセスや表現の内容のなかにある意味を、読み取り記録することが必要とされる。そして、その記録は、子どもに寄り添っている保育者にしかできない業である。子どもの表現やその活動は必ずその子どもの背景や心情と関係している。子どもの生活のなかにある一つひとつの営みを意味づけていく保育者の意識と視点が、子どもの学びを意味づけ、まわりの見方や感じ方を変化させていくのである。

おたまじゃくしプロジェクト 2009年 ことり1組（1歳）

担任 船越あゆみ 近藤ゆかり

池の掃除中に

池の掃除中に何かの卵を発見！
これはなんだ？

これ、なに？

ちょっとさわってみようかしら…

わたしにも見せて。

げろげろ～と池から、カエルの合唱が聞こえてきます。
その鳴き声を録音しましたが……。
ブログに載せることが不可能でした。
聞きたい方は保育園まで。時間はみんなの昼ね時間の14：00～が絶好調です。

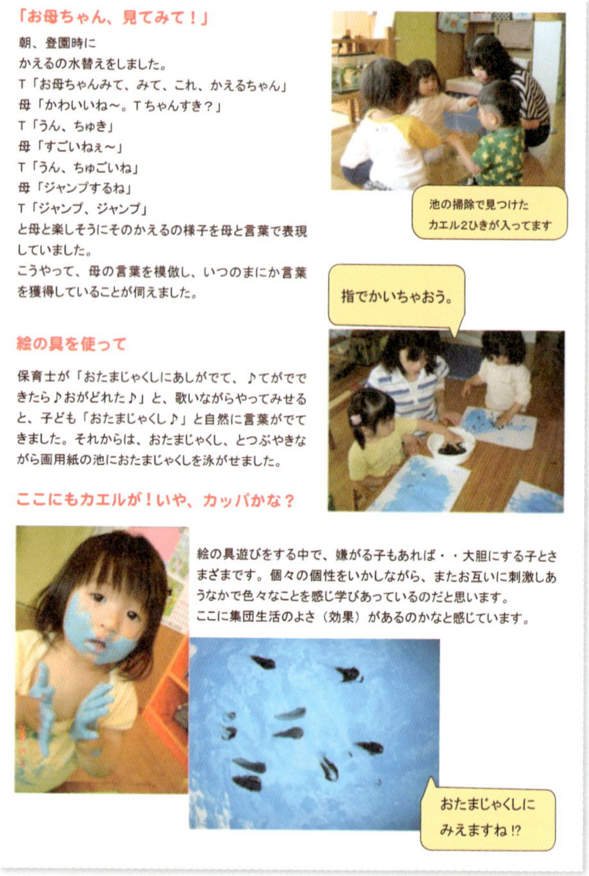

「お母ちゃん、見てみて！」

朝、登園時に
かえるの水替えをしました。
T「お母ちゃんみて、みて、これ、かえるちゃん」
母「かわいいね～。Tちゃんすき？」
T「うん、ちゅき」
母「すごいねぇ～」
T「うん、ちゅごいね」
母「ジャンプするね」
T「ジャンプ、ジャンプ」
と母と楽しそうにそのかえるの様子を母と言葉で表現していました。
こうやって、母の言葉を模倣し、いつのまにか言葉を獲得していることが伺えました。

池の掃除で見つけた
カエル2ひきが入ってます

絵の具を使って

保育士が「おたまじゃくしにあしがでて、♪てがでできたら♪おがどれた♪」と、歌いながらやってみせると、子ども「おたまじゃくし♪」と自然に言葉がでてきました。それからは、おたまじゃくし、とつぶやきながら画用紙の池におたまじゃくしを泳がせました。

指でかいちゃおう。

ここにもカエルが！いや、カッパかな？

絵の具遊びをする中で、嫌がる子もあれば・・大胆にする子とさまざまです。個々の個性をいかしながら、またお互いに刺激しあうなかで色々なことを感じ学びあっているのだと思います。
ここに集団生活のよさ（効果）があるのかなと感じています。

おたまじゃくしに
みえますね!?

1歳児のクラスで展開した「おたまじゃくしプロジェクト」のドキュメンテーション。

　そして、その活動記録は保育室の中で「つながる保育」を見届け、構想していくための「Web（ウェッブ）」と呼ばれる図となり、その図は、日々加筆され、保育の深まりとともに、進化し広がっていく。Webはそもそも保育者自身のために書かれていくものだが、同時に、日々の保育が意味づけられた痕跡でもある。子どものどのような興味や関心がもとになり、そのトピックがどのようにつながり、発展していくかを見ることができ、今日までの保育を見届け、明日の保育を構想していく手がかりとなっていく。さらに、赤碕保育園の事例では、子どもたちが自分たちでWebを作り出していくこともあった。大人から提案したわけでもなく、保育者のWebをまねて、自分たちは何をしてきたのか振り返りをしたいという声が子どもたちから上がり、年長児がまとめていった。これは、自分たちで活動を確かめようとする「学びの痕跡」であり、その図自体が、生活を図と言葉で表現した子どもの作品でもある。

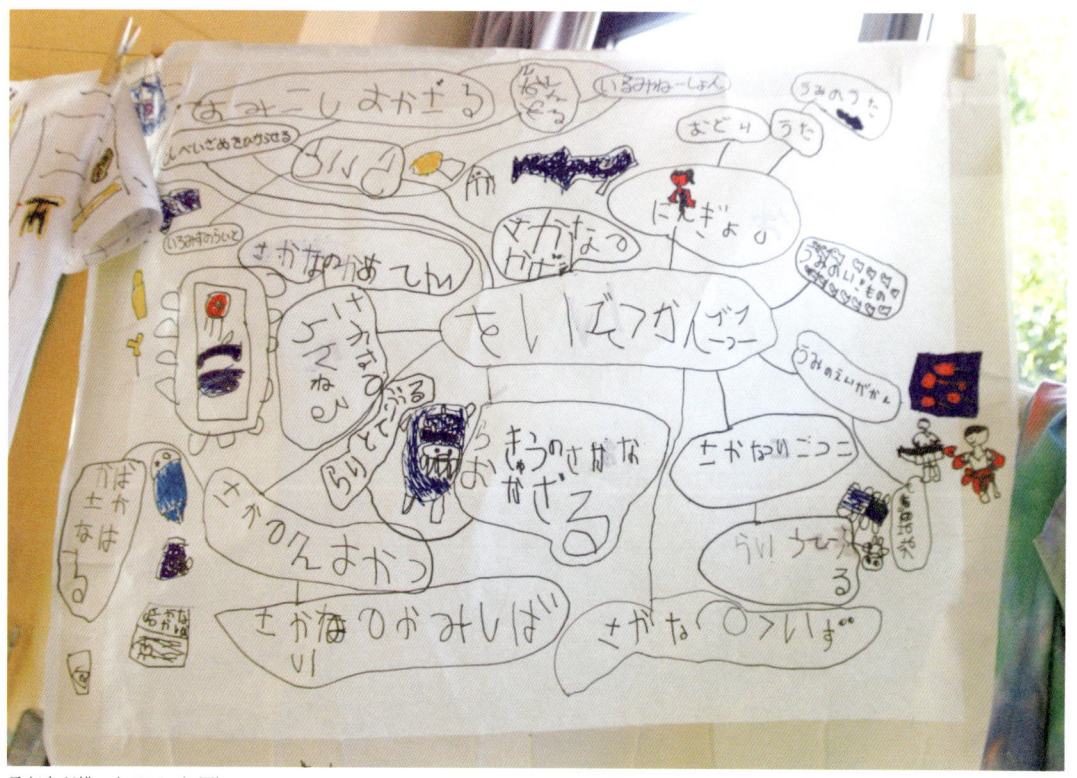

子どもが描いた Web（J 園）。

5 アトリエスタとしての保育者

　レッジョ・エミリアの紹介によって「アトリエスタ」の存在が日本でも注目され、美術家の保育への参画、連携、協働が期待されつつある。

　しかし、日本の現状においては、レッジョのように保育者と美術家が共同で日常の保育を構想し、美術家が保育に密着しながらその子の背景と表現を結びつけ援助していくことは、人的にも組織的にも難しい。実際、多くの園では、保育者がアトリエスタの役割を同時に果たしている。その場合、子どもの側に立った材料と表現への理解はもちろん必要だが、保育者自身が美術の達人である必要はない。その役割は、子どもが自発的に表現を生み出し深めることを導くことであり、子どもの視点から表現の可能性を予測し、準備して、子どもの遊びを支え、ともに感じ合えていけるかどうかにかかっている。普段の遊びを支えられる保育者であればそれは可能であろうし、実際、日本においては、アトリエスタという言葉が紹介される以前から、作品主義に左右されない多くの保育者はその役割を果たしてきている。

　また、美術家の課題は、何より幼児とその表現を理解することにある。保育の現場において表現の知識と可能性を提案できる美術家の存在は、存在そのものに意味があるといえる。プロジェクト・アプローチによって保育を創造していくためには、保育とアートをつなぐ美術家の、積極的な協働者としての関わりが待たれる。その事例は第 7 章で紹介する。

つまむ、ちぎる、おとすなど、0才児の手の動きをいかした作品。

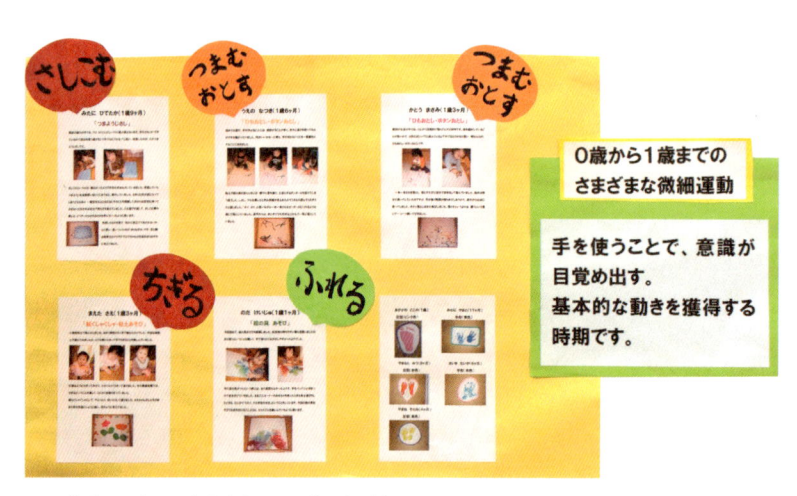

作品のできる過程をまとめ、一緒に掲示する。

第5章 プロジェクト・アプローチの実践例

テーマについて

　プロジェクト・アプローチ保育は、子どもたちの生活のなかに存在するトピックを対象として展開する。しかし子どもたちが物や人と出会って経験していることは、大人に比べて少ない。そのため大人は、その時代において大切だと思われるものごとを抽出して教え込もうとする。たとえば遊びのなかでも競争の要素ばかりに注目したり、仲間外れにならないようにと、違いを認めず同じようにできることばかりをやらせようとしたりする。

　しかし、子どもは常に能動的に学びながら自分の世界を広げようとしており、そのために自らの興味や関心に基づいてものごとに関わろうとする存在である。

　何かに興味をもって、積極的に関わり学ぼうとするならば、その関心事をトピックとして探究することが自然な学びの流れだろう。プロジェクトは、実際このように子どもの興味や関心から発展することも多いが、保育者がそれを見つけていけないということではない。

　それは子どもの関心事を知ろうとするということであり、そのために子どもとともに同じものを見るということである。徹底して同じものを見て、同じように感じ取ろうとすることを通じてのみ、学びの仲間として、あるいは信頼できる見守り手としてともに探求できるのである。

　形を作り上げてそこに子どもを引っ張り込む保育ではなく子どもが学びの主体であることを実感しながら自己を育てるために、保育者として最善の方法を練り上げ、子どもと共に丁寧に自らも挑戦しなければならない。

　具体的な方法としては、子どもの表現をしていること、つまり、何かに取り組んでいたり、何かについて語っていたりすることなど、保育者に見せている姿を手がかりとすることができる。しかし保育者があらかじめ定めた結果に引っ張ろうとする場合、保育者はそれに気づかず、クラス全体の子どもの姿、つまり何ができていないかということばかりが気になってしまう。あるいは、一人ひとりの子どもが何をしているのかは把握していても、その先の一人ひとりが何をおもしろいと思っているのかというところまでは考えていない。だが、その子がやっていることのなかで何におもしろさを感じているかを知ろうとしなければ、テーマは見つけにくい。

　大切なことは、子どもと語り合うことである。朝の会や帰りの会なども保育者の伝達ではなく、子どもの話を聞くこと

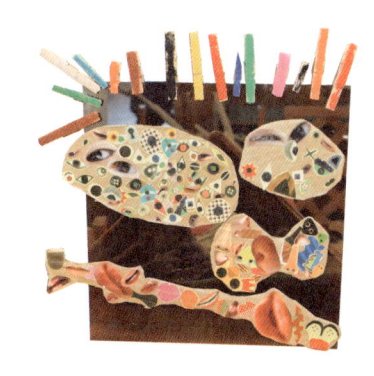

が十分行われるならば、子どものことをもっと知ることができるはずだ。保育者が聞く耳をもたなければ、わからないことがたくさんあるだろう。聞けばわかるにもかかわらず、聞かないまま、何をして手がかりにしてよいのかわからないといっていることのほうが多いのではないだろうか。

　徹底して感じようとし、見ようとし、徹底して聞くことによって、何をテーマにするかが浮かび上がってくるだろう。

　子どもの関心事からトピックを見つける場合も多いが、先に述べたように、保育者として子どもたちの世界を広げるために、今必要なことをトピックとすることもある。

　人は何かに出会い、その関係のなかで学び世界を広げているのだから、学びに必要なものごとは一人ひとりの関心事に沿って設定されていることが望ましい。たとえばクラス全体のなかでも、ある子はお店屋さんごっこのなかで、店の商品の形や色にこだわりをもって遊んでいたり、また別の子は、積み木で動物園を再現して遊んでいたり、ほかにも将棋に関心をもっている子は将棋をしていてもよい。子どもたちはそれぞれの生活のなかで、社会や文化とさまざまな出会いをしている。それらが発揮されれば、保育はもっと豊かな展開をすることが可能となり、プロジェクト保育はそれらの延長線上に存在する。

　子どもたちは自分の興味や関心によってバラバラに遊んでいても、その遊びのなかでの葛藤、工夫、忍耐、探究、物との関係や友達との関係を結んでいることについては共通しており、遊び込めば遊び込むほど、それらは深まりをもつ。そして遊び込んでいるものごとのなかには、探究的活動としてトピックを定めて取り組むとおもしろいものもある。

　他にも、たとえばクラスのなかに植物に関心をもっている子がいたとしよう。それをヒントに、さらに植物の葉っぱの形に注目して調べていくとさまざまな学びがあるという判断を保育者がするならば、葉っぱを探究のトピックとして子どもたちに投げかければよく、朝の会などでクラス全体に投げかけてみれば、関心をもつ子どもも現れるだろう。

　大切なことは、子どもによってはほかに熱心に没頭して遊びたいこともあり、その場合には子どもたちの判断に任せることだ。どうしてもこれはクラス全体で取り上げるべきと判断するならば、きちんと説明してそうするべきである。だが、いずれにしても子どもたちの目の輝きを頼りに保育することが基本だろう。プロジェクト・アプローチ保育とは、目を輝かせながら徹底して遊び込むための手法であることを、忘れてはならない。

1 始める

　プロジェクトの始まりは、子どもたち自身の興味や関心がきっかけとなる。今興味をひいているのは何か、子どもたちの間で話題になっているものごとは何なのか。遊んでいる様子を観察したり、子どもに話を聞いたりしながら見当をつけるのが、プロジェクトの始まりにおける保育者の役割だ。

　保育者自身の興味や関心、今までの経験などから、保育者のなかにもなんとなく「これがおもしろいんじゃなかろうか」という思いはあり、また「こんなプロジェクトに展開してほしい」というイメージはあってしかるべきだが、テーマは外から与えて決めるのではなく、子どもたち自身のなかから出てきた興味や関心を動機づけにして、子どもたちが決めることが大切になる。

　自分たちの内面から出てきた「なぜ」「知りたい」「作りたい」「やってみたい」であれば、子どもたちは進んで先生を頼らずに活動しようとする。調べたり、予想を立てたりするのに必要なのは、本なのか、保護者なのか、先生なのか。プロジェクトの過程で利用するものを、自分たちで選ぶようになる。

　日々の暮らしは、小さな判断の連続である。「自分で選ぶ」「自分で決める」ことは生きて行くのに必要なすべであり、いかに考えていかに選ぶのか、保育者は、子どもの判断と選択を助けて励ますようにする。

　たとえば、恐竜への興味が強くなっている子どもたちがいたら、恐竜の図鑑や絵本を、手に取りやすいところに置いておく。子どもたちと話し、子どもたちが恐竜についてどの程度の知識をもっているのか把握し、同じレベルで理解できるもの、その少し先を教えてくれるもの、両方の資料を探しておく。近隣の地域で発見された化石があるなど、地元に恐竜と関係のあるトピックがあれば、子どもたちの好奇心は一層刺激されるだろう。

　プロジェクトのきっかけとなる子どもの疑問や好奇心は、自然にほうっておいてどんどん育つ場合もあるけれど、適切な刺激や経験があって、はじめてスイッチが入る。どのようにしてプロジェクトが始まったのか、赤碕保育園の例をいくつか振り返ってみよう。川のプロジェクトについては、始まりのほかに、その後の展開についても触れる。プロジェクトが非常に豊かな活動を生み出した例として、子どもたちの紡いだストーリーを紹介したい。

石への興味がわいて、集めたり、叩いたり。

第 5 章 「プロジェクト・アプローチの実践例」

近くの「鳴石の浜」へ、石探しに行く。

上／教室のすみには、石プロジェクト用のワゴンが登場。
下／「恐竜の卵」の石を発見、持ち帰ってさっそく恐竜作りが始まった。

1 モーツァルト・プロジェクト

　モーツァルトのプロジェクトは、Sちゃんが「読んで」と持ってきた、本の読み聞かせが最初だった。

　モーツァルトは3歳でピアノを弾きこなし、5歳で作曲を始めた。とても耳がよく、あらゆる音がドレミに聞こえ、そのメロディーを表すことができた。今でも愛される600もの曲を作った。天才でありながらお金に苦労し、わずか35年しか生きられなかった。

　モーツァルトについて、子どもたちはおそらくほとんど何も知らなかったと思われるが、モーツァルトの人生から深い印象を受けたようだ。そこで担任は、きらきら星変奏曲のCDがあることを思い出し、みんなで聞いてみることにした。このCDは子どもたちのお気に入りになり、くり返し聞くようになる。

　ある日、兄弟がピアノを習っているというRちゃんが、きらきら星の楽譜を持ってきた。おそらく、楽譜を見るのは初めてという子どもが多かったと思われるが、子どもたちはモーツァルトが作曲した楽譜に、強い興味をもった。

　あらゆる音を五線譜に表すことができたモーツァルトのように、音を見つけて表してみたい。子どもたちの音探しが始まり、「モーツァルト・プロジェクト」が走り始めた。その後の展開については、第3部「広げて深める」で詳しく紹介する。

左／いろいろな音探し。竹をたたくと、どんな音？　右／見つけた音を描いてみる。

2　さびプロジェクト

　さびのプロジェクトは、古くなった保育園の自転車置き場が始まりだった。秋、自転車置き場が老朽化したため、トタン屋根を張り替えることになった。CくんとTくんが、くぎ抜きの手伝いを申し出た。ふたりは4月から大工仕事をいろいろ経験しており、バールの扱いにもひと通り慣れていたようだ。ところが、くぎがさびているために、思うように抜けなかった。

　さびたくぎと格闘しているうちに、Cくんは「なんで鉄ってさびる？」と疑問をもつ。「ぬれるからでしょ」という友達の言葉に、Cくんは「ぬらしてさびを作りたい」と思う。そこで、ピン・くぎ・安全ピンを用意し、ガラスびんの中に水と一緒に入れ、観察することにした。「さびプロジェクト」の始まりである。

　「さびプロジェクト」は、Cくんがひとりでじっくり取り組んだプロジェクトだ。子どもの「なぜ？」や「びっくりした！」は、自分の想定を超えた体験をしたときに、生まれる。Cくんは、得意だと思っていた大工仕事で、思うようにくぎがぬけない体験をしたことで、さびの存在に気づいた。Cくんの「さびスイッチ」は、このときONになったのだろう。と同時に、さびを作る水の作用にも気づくことになり、鉄と水の化学反応にCくんはしばし夢中になった。

　びんの水に沈めたピンやくぎは、3日目にようやくさびて茶色くなった。さびができる瞬間を見極めようと、ルーペでのぞきこんでいたCくんは「念願のさび」に、思わず「やったー！」と歓声をあげた。さびを作る実験はみごと成功。Cくんは水が鉄をさびさせることを、自分の目で確認したのだった。

　担任は、この実験結果をみんなに発表するように声をかける。クラスでは水の力について興味が出てきていて、あれこれ遊びが始まっていたところだった。Cくんの報告で、みんな

は水の不思議な力をまた一つ知り、共有した。

食塩水にひたしたネジや金属パーツには、見事な塩の結晶がついた。

　その後もCくんはさまざまなものをさびさせた。「お父さんが、指輪は塩水でさびるって言ってた」「消毒液を入れたらどうなるかな？」。自分で次々に課題を作り、展開していった。塩水の実験では、みごとなさびとともに塩の結晶ができあがっていた。担任には思ってもみない現象だった。

3　レンガ・プロジェクト

　レンガ・プロジェクト（127ページ参照）は、「3びきの子ぶたの家が作ってみたい」という子どもたちから始まった。わらの家、木の家、レンガの家が出てくるおなじみの話だ。子どもたちはまず、竹で家を作ろうとした。しかし、竹を組み合わせて家の形にするのは難しく、見るからに不安定で壊れやすいことは、子どもたちにも見てとれた。子どもたちは「レンガの家が作りたい」と言い始めた。

　ここで担任はある問いかけをする。「レンガって、何？」

　レンガはもちろんレンガであるわけだけれど、ふと思い返してみれば、レンガというのが何を材料にしてどのように作られたものなのか、正確に説明することは難しい。この問いかけは、保育士自身の疑問でもあった。

　「花壇とかに使う」「かべにする」「かたくて重い」などいろいろ知識が披露されるなかで、「土で作る」ものではないか？　ということになった。泥の扱いには慣れている子どもたちは、「レンガを作ってみたい」と言い出した。

　しかし、土でレンガを作るのは、どうにも難しかった。レンガの歴史は古代にさかのぼり、レンガは世界の人々が造ってきた建造物の歴史でもある。5000年前の古代の人々は、川辺の泥を乾かしただけの日干しレンガで壮大な都市を造ったというのに、21世紀の園庭では、レンガひとつ作るにも右往左往しなくてはならないのだった。「レンガとはなんだ？」に迫る挑戦が続けられ、その後試行錯誤を経て、保護者の協力もあり、最終的にはレンガをやき、石窯を作るところまで発展した。

　「レンガで家を作ってみたい」という発言が出たときに、その実現が難しいことは大人にはよくわかっている。しかしこの無理なリクエストを否定せず、「そもそもレンガってなに？」という新たな視点ができたことで、レンガ・プロジェクトは走り出し、結果として、子どもにとっても保育者にとってもすばらしいチャレンジの機会になった。

　プロジェクトでは、とてもうまくいきそうにないと思われたテーマが豊かな展開を見せたり、このテーマはきっとうまくいくだろうと思われたものが、それほど展開しなかったりす

る。子どもの好奇心のエネルギーは、予想もしない能力の発揮に結びつくことが、しばしばある。見通しをもつのが難しいテーマでも、子どもたちの能力を信頼して任せていると、保育者の予想を超えたストーリーができあがっていくことがある。子どもが見つけたテーマが困難であっても、それを前向きにとらえ、チャレンジの機会としてともにおもしろがって向きあうことができれば、よい体験となる。

4 川プロジェクト

　川のプロジェクトの始まりは、やや長いストーリーになる。

　いちばんはじめは、子どもたちの海や海の生物に対する興味だった。Mくんは、海の生き物作りを熱心に続けていた。家から図鑑を持ってきて、友達と見ている姿もあった。保育園は海に近く、園バスに乗ればすぐに浜へ出られる。海の作品作りの素材を集めたいと思った担任は、図鑑の貝のページをさしながら「こういうの、海に行って拾ってみない？」と投げかけた。

　一方、園庭では石遊びに人気があるようで、連日石を探して集めて、という姿も見られた。園庭には土を積んで作った小さな山と、掘り下げて作った池があり、地下からくみあげた水が山と池を結んで、小さな川として流れている。石遊びのほかに、高低差を利用した水の流れ、園庭に作る田んぼへの水の誘導など、水の流れについての興味も高まっていた。

左／竹の樋をつなげて、園庭の小川から田んぼまで水路を作るのに挑戦。
右／卵のような大きな石からイメージを広げて作った「虹色恐竜」。

　海へ行けば、石も、水も、生き物もみんな楽しめると考えた担任は、子どもたちに海へ行く提案をした。海の生き物の絵本の読み聞かせをしたり、連休中に貝のアクセサリーをつくって持ってきたりした。子どもたちのなかでは海に行きたい気持ちが盛り上がった。本や図鑑を見ながら、海や海の生物について自分の知識や体験を話し合ったり、パズルブロックで海の生き物を作る姿が見られた。

海に行ったらどんな活動をしたいか、どのあたりの海に行きたいか、グループを決める話し合いをもった。そして勝田川が流れ込んでいる場所に行くことが決まった。

　さて、海での活動日。事前の話し合いで、海の水の味について「あまい」「からい」と意見が分かれていたので、実際に試してみることになった。3人が足元の水を指につけてなめてみた。結果は「あまい！」。この結果に驚いた担任がなめてみると、ほぼ真水の味だった。流れ込んだ川の水が砂地にろ過されて出てきた水らしかった。

左／海の生物を図鑑で見るのが、大好き。
右／図鑑で見た生き物を、パズルブロックで作ってみる。

　近くで海寄りの場所で試した子どもたちからは「からい」「すっぱい」という報告がきた。「こっちはあまいのに、あっちはからい」「でも、つながっている」。予想を裏切る結果に、子どもたちの「はてな？」が次々とわいてきた。東西に続く海を見て、「長い。あっちもつながってる」勝田川から化粧川へ移動してみた。「ここもつながってる！」

　海はどこまでつながっている？　海の水はどこからくる？　川からくる？　川と海はほんとうにつながっている？　川の水はどこからくる？　山からくるんだよ。ちがうよ、川の水は海からくるんだよ。さまざまな意見がとびかった。

左／あまい？　からい？　浜の近辺の水を、あちこち味見する。
右／川と海が出会うところを、実際に見学。

　石や貝殻をたくさん拾い、海のお土産を山ほど持ち帰った子どもたち。帰りの会で、今日の体験を振り返りながらWeb（参照43ページ）を書いた。担任には、海での子どもたちの反応を見て、プロジェクトが始まるかもという予感があったのだ。海の水はどこから来るのか、海はどこまでつながっているのか、子どもたちの興味はここに集中し始めた。川と海がつながるところから川をさかのぼり、確かめようということになる。プロジェクトが走り始めた。

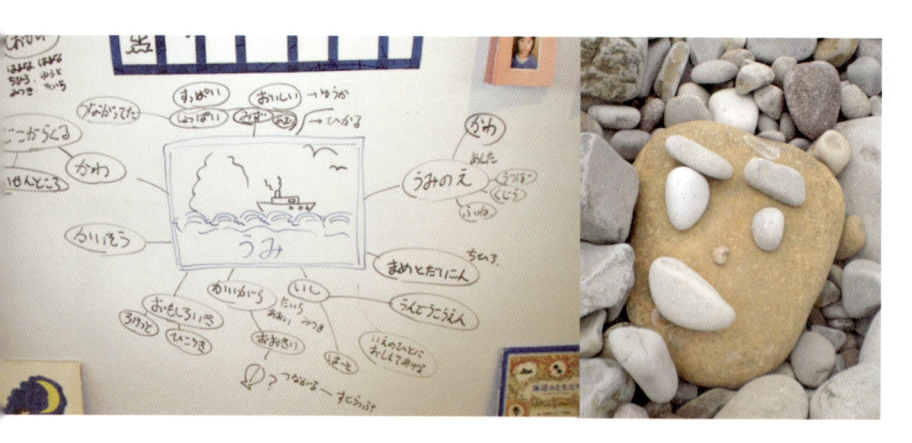

川のプロジェクトはその後、川のもとを探るという川探検を幹として、劇遊びやカッパ探しという大きな枝を出した。一連のプロジェクトは、海から化粧川をさかのぼり、矢筈川で遊び、勝田川でカッパを探し、地元の水の道を大きく巡る、長く、ダイナミックな活動になった。川探検のその後を、たどってみよう。

　保育園の近くには、勝田川と化粧川というふたつの川がある。海も畑も身近にあり、探究する環境には恵まれている。川と海のつながり、川のもとを確かめるというテーマは、子どもたちが自分自身で直接観察し、確かめられるという点で、まさにプロジェクト向きだった。子どもたちは、自分たちの経験や知識、地元の情報などを披露しあい、話し合いをもつようになった。

　赤碕保育園の近隣の米子市には、島根県の松江市との境に「中海」と呼ばれる湖がある。海と水路でつながっているため、水は淡水と海水が混じり合っている。ちょっと不思議なこの中海は、子どもたちの論争のテーマになった。米子に海はあるのか、ないのか。また、地元の化粧川は、なぜ「化粧」というのか。化粧川の水はどこからくるのか？　化粧川の始まりはどこなのか？

　子どもたちと話し合い、探検するのは化粧川に決まった。

　６月３日、探検の初日。河口についた子どもたちは、橋から川をのぞきこむ。「波の線がついてる。水が行ったり来たりしているからじゃない？」「川なのに海藻が浮かんでる」。川と海がつながっていることには、納得できた様子だ。川沿いにさかのぼり始めると、川が橋の下にもぐり、だんだん道路と離れてしまう。田んぼのそばに来ると、用水路と分岐してふたつになってしまう。どちらの流れをたどってどのように進むか、子どもたちに選ばせる。あらかじめ地図を見て、化粧川の流れについて調べはついているが、分岐点で誘導しないように注意をはらう。歩く距離は１日１ｋｍまでと決めてあった。

第 5 章 「プロジェクト・アプローチの実践例」

第 1 回川探検の振り返りを Web にまとめる。

上／化粧川の河口。
下／「水の音がする！」。見えないが、この下は川であることを確認。
右／橋の下にも行って、確かめる。

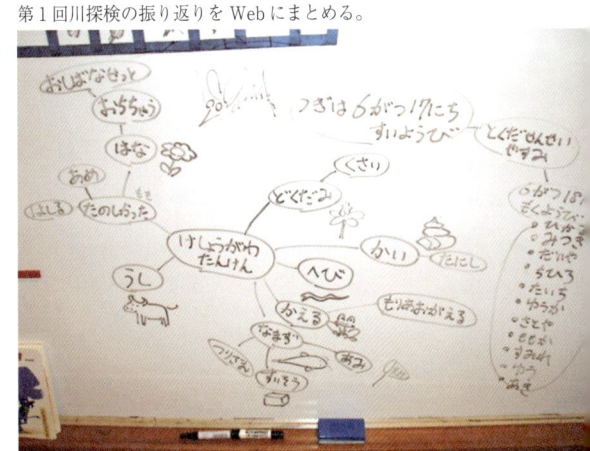

　6月12日、2回目の探検。1回目の最終地点からさかのぼり始める。川は相変わらず田んぼへの用水路で分岐する。用水路は田んぼの中を通るうちに、さらに細い水路へ枝分かれする。水の道をたどりながら、田んぼに寄り道し、あぜを歩き、ザリガニを探し、カエルと出会う。

左／小さな魚を発見。「ナマズだ！」。
右／川沿いに進めなくなり、分岐点まで戻って田んぼへ。

　6月19日、3回目の探検。2回目の最終地点からさかのぼる。この日、川の始点である農業用水のため池まで、もう一息というところまでたどり着いた。ため池がめざしてきたゴールであり、子どもたちは化粧川の水のもとを見つけたことに満足するだろう。そう思っていたが、子どもたちの反応は予想を裏切るものだった。
　池の水は暗く青い色で、化粧川の水の色と違っている。道を回って池の見えるところまで行った子どもは、こういった。「化粧川の色は、こんなに汚くなかった。ちがうんじゃない？道をまちがえたんじゃない？」
　「明らかな正解を前に、こんなふうに思えるのはすごい！」。納得しない子どもの様子に、担任は驚きと感動を覚えていた。自分たちの足で実際にたどってきた子どもにとっては、池を川の水源と判断する根拠がまだ足りないらしい。水の色の違いは、子どもたちに新たな疑

77

問を投げかけた。これからどうしたらいい？　池から先に川があるか、見てみる？　池と川が同じ水だと、どうしたらわかる？

　子どもたちは、どんどん問いを出せる存在なのだ、と実感する。上手に正解を見つけるより、次々に問いを出し続けることのほうが、大人にとっては難しい。子どもの好奇心、探究心は疲れを知らず、納得するまで走り続ける。

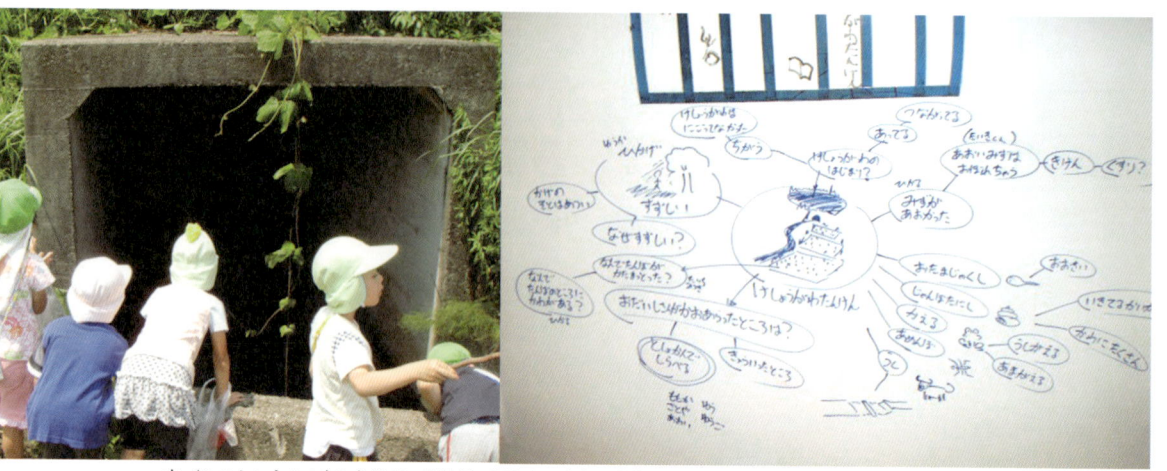

左／このトンネルの向こう側が、化粧川の源となる大きな農業用水のため池。
右／子どもたちのわきあがる疑問、今までの探検でわかったことを、子どもたちとともにWebにまとめる。

　7月2日、化粧川の探検、4回目。前の日の話し合いで、池の水と川の水を両方ペットボトルにくんで、比べてみることになっていた。川の水は、化粧川につながる用水路の水をくみあげた。池の水をくむのは難しく、保育士が手を貸す。どちらの水も、少し黄色く見え、同じ色だった。

　「化粧川の水とこの池の水は、同じなのかな？」と問いかけると、またもや疑問が出てきた。「さっきのは本当に化粧川かなぁ？」。なるほど。そこで、急遽「これは確かに化粧川」というところまで戻って、水をくむことになる。子どもたちが主張したのは、海と出会う河口だった。くみあげた水は、やや色が薄いものの、やはり黄色っぽかった。子どもたちは、用水池の水と化粧川の水が同じであることに納得した。

右／化粧川の水をくんでみる。
左／3か所でくみあげた、化粧川の水のサンプル。

第 5 章 「プロジェクト・アプローチの実践例」

　化粧川のもとを探る探検は、ここでゴールを迎えた。
　子どもたちの描いた川の地図や川の絵は、蛇行する川や、そのカーブの内側にできた石の河原、海につながるところにできた砂州などが正しく描かれていた。ももたろうの紙芝居を読むと、「川で洗濯するのか〜？」「洗剤つかったら川が汚れる！」「川はごみだらけだから、洗濯ものが汚れる」など、リアルなコメントが相次いだ。子どもたちにとって、川はもう昔話の舞台ではなく、自分たちが歩いて遊んだ、化粧川や勝田川なのだった。
　川のプロジェクトは、川を暮らしのなかにある水として子どもたちに根づかせ、劇遊びやカッパ探しなどのさまざまな枝葉を出し、大きな1本の木となった。

左／「川と川の大げんか」で、川の王子さまに扮する。
右／妖精、お姫さまがそろう。

左／「川と川の大げんか」で、化粧川とけんかする矢筈川で遊ぶ。
右／数人で描く川の絵。砂州や川のカーブなどがリアルに描かれている。

79

2 つなげる

　カッパは、妖怪のなかでもずばぬけて知名度と人気を誇る、妖怪界のアイドルだ。目撃証言もあり、カッパの手や体とされるミイラまである。水辺の環境保護のキャラクターにされたり、絵本にも数多く登場するので、子どもにとっても身近な存在だろう。

　そんなカッパが、するりと子どもたちのなかにすみついた。カッパ・プロジェクトで活動したのは、「川探検」プロジェクトで、地元の川を調べ上げた子どもたちである。

　「カッパはお化けじゃないよ」「じゃあ動物？」。こんなやりとりから始まったカッパ・プロジェクトで、絵本の世界の住人だったカッパは、いつしかリアルな生活のなかに気配を残していくようになった。子どもたちのなかでファンタジーと現実がまじりあい、子どもたちは心にすみついたカッパとともに、園での時間を生き生きと暮らした。調べた情報や友達の意見、実際の探険や普段の遊び、自分の作った造形や友達の描いた絵、すべてが互いに刺激となって積み重なり、織り込まれ、つながっていった。カッパとともに紡いだ、子どもたちの多様なファンタジーの軌跡をたどってみよう。

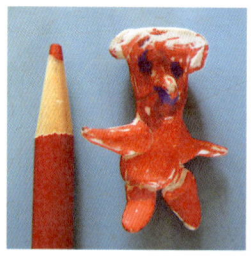

左／カッパ・プロジェクトの真っ最中に描かれた絵。
右／小さいのに、ディテールまでしっかり作られている。みごとなカッパ。

1 カッパはおばけ？動物？

　8月末のある日、朝の会で『へんしんおばけ』という絵本を読んだ。最後に登場するカッパについて、Mくんが「カッパはおばけじゃないよ」と言い出した。これはおもしろい、と思った担任は、「おばけじゃないなら、何？」とたずねた。Mくんは「カッパは動物」だという。するとCくんがカッパは動物園にいないから、動物ではないと反論した。Cくんによるとカッパは「いきもの」に分類される。Cくんのなかでゾウやワニやヘビが「動物」で、金魚やウナギやエビは「いきもの」らしい。

　担任は、このやりとりをおもしろく聞いていた。カッパの正体を考えることによって、子どもたちが「動物」「いきもの」「水の生き物」をどう分けて考えているのか明らかになる。

「カッパってなに？」という問いを投げかけてみた。

「おばけじゃないってことは、本当にいる？」と聞くと、何の疑いもなく、子どもたちは「いる」と答えた。どこにいる？という問いかけには「川の深いところ！」「矢筈川」「勝田川もつながってるから、勝田川にもいる」という答え。どんな生き物？という問いかけには、「お皿があって、甲羅がある」「はねる」「かむ」「こわい」などなど。勝田川でカッパを探したい。きゅうりで誘い出せばいい。カッパ探しの計画が動き始めた。

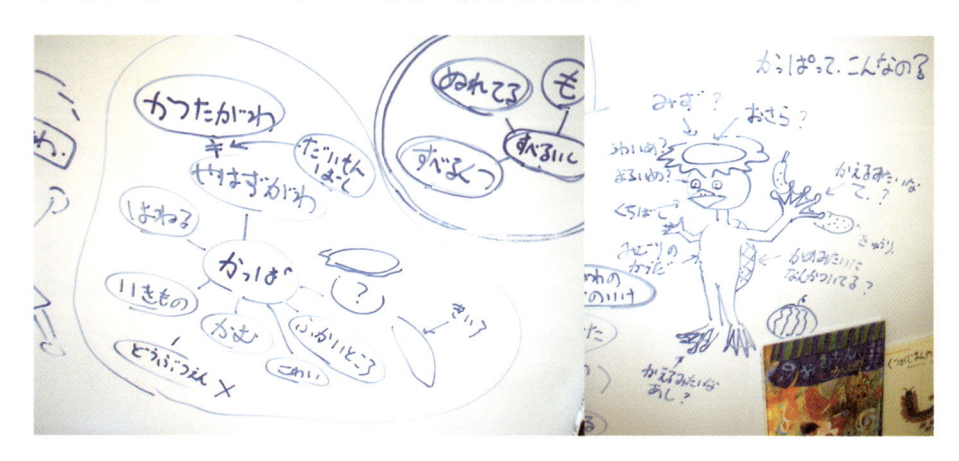

2 図書館で調べる

カッパを探すにあたっては、やはり予習が必要である。カッパについてもっと詳しく調べてみることを、担任は提案する。動物か、生き物か、おばけかわからないカッパ。どうやって調べる？

「図鑑にはのってないよ」という子があり、「図書館の本にはのっているかも」という声があがった。園には定期的に移動図書館の車が来る。前もってお願いしておけば持ってきてもらえると、担任が伝える。

どうやってお願いする？ 「お願いするチーム」を作り、チームのなかでお願いの方法や内容について決める。相手の答えを予想し、対応を決める。家で電話番号を聞いてきたCくんが、メモを見ながら番号を押し、図書館へ電話をかけた。次回カッパ関連の本を持ってきてくれる約束を、無事とりつけた。

知らない人へ電話をかけて頼み事をするなど、幼児にとっておよそハードルが高いと思われることだが、子どもたちは確実に実行した。仲間うちで決めたことであれば、一緒に努力して挑戦しようとする気持ちが育つ。ほし組の年少さんたちは、自分で電話をかけた年長児たちを見て、こんな方法があることを学ぶのだろう。

約束ができたところで、本で何を調べたいのか、項目出しをしておく。食べもの、姿、す

みかなどの項目があがった。どんな遊びをしているのか知りたいという子もいた。子どもたちのもつ予測や仮説は、あらかじめ発表して共有しておく。そうしておけば、漫然と本を見るより、しっかり調べることができるだろう。

おでこを寄せ合って、本を調べる。

　移動図書館は、十分な本を持ってきてくれた。『動物図鑑』『水の生き物図鑑』『おっきょちゃんとカッパ』『カッパの生活図鑑』を借りることに決まる。それぞれ気に入った本をいっしょに調べてみる。2冊の生物図鑑には、カッパはのっていなかった。絵本とイラストの図鑑からは、いろいろな情報が集まった。

　字が読めない子たちも「カッパって、ひょうたんに乗れるくらい小さいんだ」など、イラストから情報を読み取っていた。

　その後、わかったことを発表してWebにまとめた。すみかは川の深いところや滝の裏側。きゅうりだけでなく、魚も食べる。赤や黄色のカッパもいることがわかった。

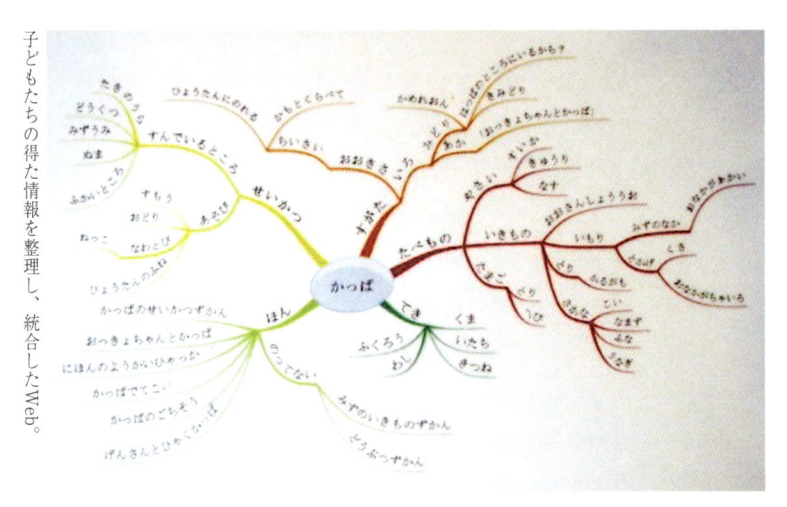

直後に作った、カッパのWeb。

子どもたちの得た情報を整理し、統合したWeb。

82

3 カッパ探しに出かける

　9月上旬。保育園のバスでカッパを探しに船上山へ行く。農業用のダム湖があり、遊歩道が整備された自然公園となっている。川を整備したプールもある。「カッパは滝のある場所にいる」という説が有力になっていたため、滝があるところを選んだ。担任の誘導で、河川プールとダム湖を見に行った。

　川を整備して水遊びのできるプールが作ってある。プールの端にはコンクリートの堰があり水が滝のように落ちて元の川と合流している。水の落ち込む場所が滝つぼのように深くなっていた。両岸の木立の影が濃く、水の色を暗くしている。「ここにカッパがいる」。うっそうとした気配に、子どもたちは何かがいると感じたようだ。「何か動いた！」「目が見えたような気がする」。かわるがわる堰をのぞきこむ。「きゅうりをみんなで食べれば、においで出てくるかも」という計画どおり、みんなできゅうりを食べる

ダム湖をのぞく。「いないね〜」

が、カッパは出てこない。「きゅうりを落としていい？」と、川に投げ入れてみた。

　カッパが出てくる様子がないので、ダム湖へ移動する。大声で話しながら歩いていると「大声出したら、カッパが逃げちゃう」という意見が出る。静かにしてみると、いろいろな音が聞こえてくる。「今の、何の音？」「透明みたいのが、あっちに行ったよ！」「何か目みたいのが光った」。カッパを見たいという期待がそうさせるのか、子どもたちはしきりに何かの気配を感じている。担任が「ぼくには見えんなぁ」というと、「妖怪は、ぼくらにしか見えない」という。

　担任は「いる」でも「いない」でもなく、「いるなら会ってみたい」というスタンスで子どもの会話に加わる。

　結局、カッパには会えなかった。「出てくるとおもったけど、出てこなかった」「お留守だった」「ずっと深い場所にいるから、わからなかったんじゃない？」「人間に見られたくないから、あっちこっちに行く」。さまざまな意見が出た。さらに、今日見た滝は、「滝ではない」という意見も出た。「滝は裏が土だけど、今日のはコンクリートだった」。滝じゃないから、いなかったんだ。子どもたちの出した結論だった。「カッパはいる」と当たり前のように答えた子どもたちだったが、実際にいそうな場所まで行ったことで、カッパはさらにリアルな存在となって子どもたちのなかにすみついたようだ。

83

カッパがいそうな、深い淵。
こわごわとのぞきこむ。

カッパを誘い出すために
持ってきたきゅうり。

4　運動会も、カッパと一緒

　カッパへの興味が深まり、カッパの絵を描いたり、カッパを作ってみたいという声があがっていた。運動会のチームマスコットを、カッパで作ることにする。チーム名は「矢筈川チーム」と「勝田川チーム」である。前段となる川探険でみんなが夢中になった劇遊び「川と川の大げんか」からとった名前だった。

　カッパの胴体となる筒の部分を担任が用意し、あとは子どもたちに任せる。カッパを作りたい子がチームごとに集まり、カッパ作りが始まった。

　色は緑と赤に決定。両チームとも緑にしたかったのが、絵本では赤や黄色のカッパもいたので、勝田川チームは赤ということに落ち着いた。園では、春から「3原色だけで色を作る」活動をしていたため、色を作る過程で紫や赤の色むらができていた。「血が出てるみたいで、こわい」ので、練習で忙しい年長児にかわって、年少全員で塗り直すことにする。年少児たちも共同作業に立派に貢献できることが楽しいらしく、集中して作業に取り組むことができた。

　胴体を塗り終わり、顔や髪などをつける。担任は、今まで調べた図鑑や絵本をいつでも見られるように準備し、さまざまな色の色画用紙を準備しておく。「怖い目にしたい」という矢筈川チーム、「三角の目にする」という勝田川チーム。くちばしは立体的につけたいが、どんなふうにしたらいい？　担任も一緒に、いろいろなパターンを試してみせる。そのなかで気に入った作り方をそれぞれ選び、くちばしができた。手をつけたいという子が現れ、手足をつけることになる。数日かけて作るなかで、アイデアが積み重なり、担任の予想を超えた表情豊かなカッパが仕上がった。

上／矢箆川チームがカッパを作る。
下／勝田川チームがカッパを作る。

表情たっぷりの、ユーモラスなカッパができた。

5　カッパ、出現 !?

　10月のある日のこと。I 先生のスリッパが行方不明になった。ところが翌日、I 先生がトイレに入っている間に、そのスリッパがいつの間にかトイレの前にそろえて置いてあったのだ。どの先生、どの子も「知らない」という。Y ちゃんが小さく「カッパ……？」とつぶやく。T くんには「カッパのしわざかも」と話す。担任もおもしろくなり、I 先生のスリッパを隠したのはカッパかもしれないということで、いろいろ話をしてみた。

　カッパなら、なぜスリッパを隠したのか？　そして、なぜ返したのか？　台風が来たけれど、大丈夫だったのか？　どうして保育園に来たのか？　ひょっとして、今も保育園にいる？

　結論は出なかったが、台風で川にいられなくなり、保育園に避難してきたのではないか？という話になった。

　カッパが突然現実の園生活に入り込んで、ミステリアスな跡を残した。遊戯室に行くとき「カッパがいるから怖い。ついてきて」という T くん。タネをまきたい Y さんは「まいてもカッパが抜いちゃうかも……」という。昔話でも、カッパはいろいろ人間に悪さをする。いたずらカッパの影に、子どもたちは少しびくびくしているようだった。いるようで、いない。ちょっと怖いけど、会ってみたい。これこそまさに、妖怪。ファンタジーが、現実の世界に混じり合ってきた。

左／おそろいのカッパを作る。右／水、葉っぱ、空、太陽の中にカッパがいる。

6 カッパの世界を作ろう

　スリッパ事件と前後して、カッパの世界をジオラマで作る活動が始まった。Tくんがウツボと恐竜を飾るためにジオラマを作っていたので、それをヒントに、担任が提案したのだ。カッパの世界ができあがることで、「カッパごっこ」がおもしろくなり、それが劇遊びへと発展するのではないか。カッパごっこの写真を撮って、カッパの写真絵本もできるかもしれない。担任の思いはふくらんでいた。

　ジオラマを作るには、カッパの暮らす世界のディテールが必要だ。川にすんでいるとして、上流なのか、下流なのか。川の周辺はどんな環境なのか。

　Cくんは「カッパの森を作る」という。ドリルで土台の板に穴をあけて、そこに接着剤をつけた枝をさしこんだ。「カッパが遊ぶ滑り台も作る」とYさんは、切った木にやすりをかけた。Tくんは、川を山から流したいと思う。「ここに山作って、滝を作って……」、Cくんも「カッパの池をここに作って、そうすると川がこう流れて……」と、川の流れるルートをしっかりイメージしていた。川を始まりから終わりまで見た体験が、しっかり生かされている。

　子どもたちが最も大切だと考えたのは滝だ。「裏が土」の滝に、カッパはすんでいるのだ。「裏が土」の滝って、表から見るとどんな滝？　担任は、Hくんが実際に行って「裏が土だった」と証言した、大山滝の写真をプリントアウトした。落差42m、日本の滝100選にも選ばれた鳥取県下最大の滝だ。Cくんが写真を見ながら、土台に滝、カッパ池、川の流れのルート図を描いた。図に合わせてダンボールを切って滝つぼを作り、その上に階段状にそびえ立つ大きな滝の土台ができた。

　のちに色をつける際、CくんとTくんは滝と川と池を青色に塗っていた。ところが写真を見ると、大山滝は白い。「あれ、白だ」「ほんとだ。滝、白だ」。ふたりは青の上から白を塗った。「なんで白なんだ？」という担任の問いかけに、「ダーッとはねてるから」と答える。流れる滝は白。滝つぼは青。でも、滝の水が落ちるところは、白。水の色は青だけではなく、むしろきれいな青に見えるほうが少ないことを、子どもたちは川探険でよく知っていたのだろう。

第5章 「プロジェクト・アプローチの実践例」

左／森の木を植えたところ。
右／滝、川、池の配置を直接、土台に書き込む。

紙粘土のカッパたちがたくさん登場。

配置に合うように組み立てた滝。
不定形な滝つぼもリアルだ。

ジオラマで使えるよう、カッパの絵をダンボールに貼った。そのカッパで、カッパごっこ。

滝は白、水色、青の見事なグラデーション。

87

7　お別れ会も、カッパ

　10月いっぱいで、Mちゃんが退園することになり、お別れ会が計画された。
　全員で話し合って決めるとうまくいかないことが多いので、立候補で実行委員を決め、そのメンバーに決めてもらうことにする。プレゼント製作と劇をやることに決まったが、ここでもやはりカッパが大活躍することになった。
　プレゼントチームでは、紙粘土で作ったカッパの人形や手裏剣、演劇チームでは、十八番の「川と川の大げんか」。ただし、この劇はカッパバージョンにアレンジされた。年少さんが「カッパの赤ちゃん」で遊んでいるのを見て、カッパの赤ちゃんを登場させることになったのだ。カッパの赤ちゃん同士がけんかするのを、天のカッパが神様として仲裁する。以前Yさんが書いた「カッパのまつり」という歌をエンディングで歌うことに決まった。担任が即興でメロディーをつけてみると、「それがいい」と、すぐに決まった。
　年少の子どもたちも、部屋につける輪飾りや手裏剣を、年長児たちに教わりながら一緒に作り、会にしっかり参加している。子どもたち全員が、それぞれのできることを楽しんでやり、ひとつの活動を創り上げていた。カッパの歌つきの劇遊びはおおいに盛り上がり、子どもたちはくり返し遊んでいた。劇遊びという表現が増えたことで、カッパにまつわる子どもたちの遊びや活動は、さらに深まっていった。

左／川の水を布を揺らして表現。中にいるのは川で暮らすカッパたち。
右／紙粘土で作ったカッパの親子。

8　カッパ、増殖する

　8月末から始まったプロジェクトで、子どもたちのなかにさまざまなカッパのイメージや知見、それをもとにした表現や遊びの体験がどんどん蓄積している。子どもたちは盛んにカッパを作り始め、あらゆるカッパがあちこちに現れ始めた。
　Yくんが、家の人に折ってもらった「折り紙カッパ」。担任も頭をひねりながら折り方を

第5章 「プロジェクト・アプローチの実践例」

研究した。はがせる絵の具で描かれたカッパ、パズルブロック名人Tくんのつくった「ブロックカッパ」と「ブロックカッパ・アドバンスバージョン」、紙粘土やダンボールでも、さまざまなカッパが作られた。

　生活発表会で「川と川の大げんか・カッパバージョン」をやることになったため、全員がカッパになる必要が出てきた。先行してTくんが作っていたお皿と甲羅がかっこよく、みんなTくんから作り方を教わることにする。Tくんはふだんの園生活でも着用するほどお皿と甲羅がお気に入りで、ほぼ一日中カッパである。みんなも切り方のコツなどを教わったり教えたりしながら、なんとか自分の分を作りあげた。

　子どものなかにすみついたカッパは、とうとう子どもそのものをカッパにしてしまった。子どもたちはカッパになって、新たなファンタジーを作り始める。

パズルブロック名人が作ったカッパ1号。

ブロックカッパ・アドバンスバージョン。

家の人が作ってくれたという折り紙のカッパ。

折り方を試行錯誤した結果、子どもが作り出した折り紙カッパ。

はがせる絵の具で描いた。

太い体にどっしりとした手足。すばらしい存在感の紙粘土カッパ。

89

Tくんに教わり、みんなカッパに。

日がな一日カッパで過ごすTくん。

9 新たなカッパ劇「カッパのけが」

　年が明けてすぐのころ、IさんとAさんがやっていた病院遊びに、カッパとなったCくんが患者として参加した。手に包帯を巻いてもらっている。担任が「どこが悪いんですか？」とたずねると「手をけがした」。やりとりをしているうちに、魚をとっていて水かきが破れた、という話ができた。水かきが破れたカッパは、魚がとれない。友達のMくんカッパが分けてくれることになる。このやりとりを記録して朝の会で読み、劇にすることを提案した。子どもたちはすぐに「おもしろそう！」と賛成した。

　担任は、新たな劇遊びでたくさんの子どもたちから、いろいろな発想や表現が出てくることを期待していた。劇遊びを通して自分の思いを自由に表したり、子ども同士の対話や、ひとつの活動をまとめる力をつける機会になればいいという思いだった。

　早速、翌日から劇遊びが始まる。4歳、5歳、6歳で「カッパのけが」が始まる。恥ずかしがって演技のできない子は、ナレーションとして参加してもらう。それぞれの役の子が、ストーリーの中で自由にセリフを考え、表現する。自分のなかのファンタジーを形にする活動であり、友達のなかにあるカッパの物語を知る活動でもある。

　年長児が別のイベントでいないときは、年少児だけで「カッパのけが」をやってみる。それぞれが好きに動いてまとまらず、ごっこ遊びの延長のようになる。それでも、救急車が登場し、Hちゃんが救急隊員になって、救急車に見立てたオルガンを運転した。

左／患者になったCくんカッパ。カルテを見ているのがお医者さん。緑のポンチョは白衣のつもり。
右／オルガン救急車を走らせる、救急隊員のHちゃん。

10 カッパ、絵本になる

　製作が続いていたジオラマ「カッパの世界」は、教室の入り口近くに移動され、紙粘土のカッパの人形を動かして遊ぶ「カッパごっこ」が盛んになっていた。背景に森の木々が描かれ、川の岸には石が配置された。河原に生えている木は立体的に作られ、太い幹から3本の枝を空へのばしている。ダイナミックで奥行きのある世界が完成していた（右ページ下）。

　Mくんが、自分の作った紙粘土のカッパたちが登場する、カッパの世界の物語を作った。

　「カッパの世界に鳥がやってきました。カッパの子どもが来て、水遊びをしました。ヘビが襲いに来た。そこにお父さんカッパがやってきた。お父さんカッパはでっかい。ヘビはうしろを見てびっくり。『にげろ～。草のかげにかくれよー』。子どもカッパは、お父さんカッパに抱きついた。『お父さーん』。それをカッパたちが見ていました。『よかったね』。おしまい」

　担任はストーリーに合わせてそれぞれのカッパをジオラマに配置し、写真を撮って写真絵本にした。それを見た3歳のIくんも写真絵本を作りたいという。Mくんたちのカッパの衣装を借りて話を作った。カッパが山で木を倒すという悪さをしたので、カラスがカーカー怒ったという話だ。Mくんは自分の作ったカッパが悪さをするというのが気に入らないのか、「カッパはそんなことしない」といった。

　しばらくすると、Mくんはまた別のカッパの物語を作った。ジオラマを使っての話ではなく、手のひら絵本である。担任に聞いてほしいという。カッパのお母さんが買い物に出たきり夜まで帰ってこなかった、という話だった。これは、ほぼMくんの体験談だったことが、あとでわかる。Mくんはカッパの物語として語ることで、そのときの不安や、お母さんが帰ってきて安心した気持ちを表現したかったのだろう。

　カッパのプロジェクトでは、川探険での知見がさまざまな場面で生かされ、複数の水路や川がつながるように、川とカッパが見事にひとつの流れになった。子どもたち一人ひとりのなかにすみついたカッパは、それぞれの物語を作り出した。カッパのプロジェクトは、各自のカッパの物語をたて糸に、それを表現した作品や遊びを横糸にして、さまざまな色が織り込まれたファンタジーとなった。

手のひら絵本で、カッパの物語りを聞かせてくれるMくん。

第5章 「プロジェクト・アプローチの実践例」

Mくんの話による、写真絵本。冒頭の2ページ。2ページ目には岩の上に赤い小さな赤ちゃんカッパがいる。

同じく、写真絵本の最後のページ。

作品展でも、ひときわ強い存在感を感じさせた「カッパの世界」。

93

3 広げ、深める

　「音楽」は、音を楽しむと書く。音楽とは、楽譜を正確に読み取って旋律や和音を再現したり、楽器を上手に弾きこなすことだけではなく、本来は音やリズムそのものを体感し、楽しむことだ。2012年のほし組で進行した「モーツァルト・プロジェクト」では、子どもたちはまさに本来の意味の「音楽」を、暮らしのなかで体験した。
　風の音、鳥の鳴き声。ドアの開け閉めの音、友達の足音、車が通る音。暮らしの空間はさまざまな音に満ちている。子どもたちは、普段は気づかないさまざまな音を見つけて、表現していった。絶対音感の優れた音楽家は、あらゆる音がドレミで聞こえるというが、子どもたちの耳もこのプロジェクトによっておおいに開かれ、豊かな音の世界をぞんぶんに探検することになった。また、担任が「図形楽譜」の存在を知ったことで、子どもたちの音の表現は色や形や素材を選んで使うところまで広がった。
　モーツァルトの伝記から始まった、音の世界の探検を振り返ってみよう。

1　モーツァルトって、誰？

　「これ、読んで」。4月の終わり、Sちゃんが本棚からモーツァルトの伝記絵本を持ってきた。モーツァルトはあまりにも有名な楽聖だが、特に幼少期のエピソードがおもしろい。バイオリン奏者の父のもとに生まれ、3歳で初めてピアノにふれたとき、カッコーの鳴き声をまねながら3度の音（ソとミなど）を弾いた。コップをたたいた音でドレミを表現することができ、4歳でバイオリンを弾いた。5歳で初めてピアノの短い曲を作り、6歳でメヌエットとトリオを作曲した。今でも愛される600以上の名曲を作り、天才でありながらお金には苦労し、仕事と借金に追われ、わずか35歳で生涯を閉じた。
　小鳥のさえずり、水や風の音、あらゆる音が音楽に聞こえ、それにインスパイアされて曲を作ったというモーツァルト。子どもたちは強い印象を受けたようで、くり返しこの伝記の本を読んでほしいと持ってくる。オーストリアってどこ？　ウィーンは？　地球儀で確かめ、オーストリアについて調べてみる。始まりは、モーツァルトという人物への興味だった。

2 楽譜に出会う

　担任は、昼食中にクラシック音楽のCDを聞くことにした。そのなかにピアノ曲『きらきら星変奏曲』があった。子どもたちもよく知っているきらきら星のメロディーが鮮やかに変化し、ピアノの音が鈴を転がすように連なって流れる。きらきら星変奏曲は、子どもたちのお気に入りになった。

　「うちに楽譜あるよ！『きらきら』の！」。Rちゃんが家から楽譜を持ってきた。五線紙に、たくさんの16分音符がずらりと波形に並んでいる。目に見えない音を、見えるように書き表す方法がある。文字でも絵でもない楽譜というデザインは、子どもたちに何か小さなインスピレーションを与えたようだ。音符や楽譜に興味がわき、楽譜を持ち寄ったり、音符を描いたりするようになった。

　ある雨の日、担任は「雨の音を聞いてみない？」と提案する。子どもたちは積極的に園庭へ出た。庭全体を包む雨音、かさに当たるリズミカルな雨粒の音。水たまりを踏んだとき、長靴が立てた水の音。担任が手書きの五線紙を用意すると、子どもたちは体で感じ取った音を、すぐさま描き始めた。「聞いた音」を五線譜に描く活動が、始まった。

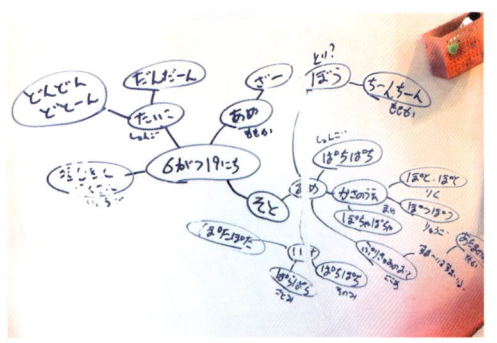

川に落ちる雨の音は？　　　　　　　　　いろいろな雨の音が集まった。

3 音探しの散歩へ・モーツァルトとの再会

　子どもが描いた五線譜を担任が試しにピアノで弾いてみると、「列車の音みたい」という声があがった。みんなで、列車の音を聞きに行ってみたいという。そこで、「音探し」の散歩へ出かけることにした。

散歩の途中、子どもたちはかすかな音が聞こえてくることに気づいた。「何か、かわいい音がする」。音の正体を確かめるべく、音のするほうへ歩き出す。「何の曲？」「モーツァルト。だってバイオリンの音がする」

　音の源を訪ねていくと、そこは梨畑だった。畑仕事をしているおじいさんに話を聞くと、それはやはりモーツァルトだった。農機具をしまう小屋のすみにCDラジカセがあり、そこから妙なる調べが流れていた。「モーツァルトの曲を葉っぱに聞かせると、梨の木が元気になるんだよ」。おじいさんは野菜が元気になるというCDを見せてくれた。モーツァルトが引き寄せてくれた偶然の出会いに、子どもたちは大喜び。早速畑の一角を借りて、梨畑の音を描いたのだった。畑に響くモーツァルトのメロディー。風が梨の木の梢を通る音。梨畑の音は、明るい色がくるくると回る楽譜になった。

音に誘われて、梨畑の奥へ。　→

「梨畑の音」

4　五線紙をキャンバスに、音を「描く」

　子どもたちは、以前なら気にもとめなかった音の存在に気づくようになっていた。梨畑のモーツァルトも、気づいたのは保育者ではなく、子どもだった。子どもたちは、いろいろな音が聞こえる耳になっている。どんな音か、感じられる体になっている。もっと広く、自由な表現ができないだろうか？　そんな折、担任は「図形譜」の存在を知る。

　図形譜は図形楽譜ともいう。五線譜や音符を使わず、自由な図形などを用いて描かれた楽譜で、ジョン・ケージや武満徹など、現代音楽の作曲家が使った。既成の音楽を超えた、五線譜では表現しきれない音楽を創造するために作られ、さまざまな色の図形や文字、複雑な線や曲線、ときには音符や五線譜も使われる。演奏家は即興的に演奏し、同じ音楽は二度と

第 5 章 「プロジェクト・アプローチの実践例」

今日も作曲家!?

ない。図形譜の実物は、ぱっと見ると現代アートそのものだ。音楽を聞いて感じたことを色紙などを使った図形で表し、それを組み合わせて楽譜を作り、その楽譜を演奏してみる。このような活動は、音楽に対する理解を深めるものとして、小学校の授業で実践されることもある。

担任は図形譜にヒントを得て、五線譜をキャンバスにして、聞き取った音や感じた音を、自由に絵として描く活動を始めた。

子どもたちは折に触れて音を探し、表現するようになっていった。「そこの機械から聞こえる、ブーっていう音」は、エアコンの室外機の音だった。「風の音は、シューッっていってた」。感じた音色を表すために、Sちゃんはクローバーの葉っぱを選んで五線紙に貼りつけた（121ページC）。暑い園庭から戻ってきたRくんは、茶色い絵の具のびんを握りしめていた。セミの音を描くのだという。音符の表現は広がり、子どもたちが認識する「音」の世界も、どんどん広がっていった。

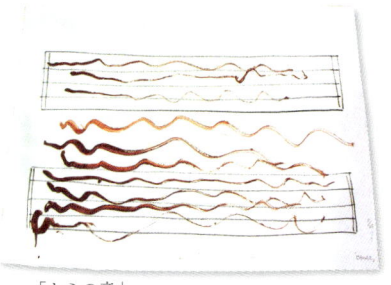

「セミの音」

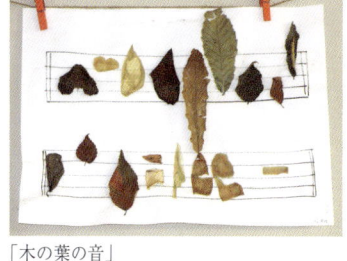

「木の葉の音」

上／ワゴンにそろえてある画材。いつでも自由に使える。
下／お絵描き用のワゴン。五線紙をきらさないようにするのが、ひと仕事。

「エアコンの室外機の音」

97

5 広がる音の世界

　音探しの散歩も、恒例になった。前回きちんと聞くことができなかった、列車の音を聞きに行く。道すがら、メンテナンスのためか、ふたの開いているマンホールを発見。しみじみのぞきこむ子どもたち。穴の奥に向かって声を出すと、反響が聞こえた。園の暮らしのなかでも、いろいろな音を見つけた。友達が小走りに走る音、楽しそうな笑い声だって、音だ。描いた楽譜をピアノやオルガンで弾いてみる子もいる。「ら」の文字を五線紙にちらした子もいる。

　竹林では、竹をたたいてみる。中が空っぽで、木とは違う音がする。竹を割って、大きな木琴ならぬ「竹琴」を作ることになった。9本の竹が、長いほうから短いほうへ順番に並べられ、園庭に設置された。。

　もっと大きな楽譜を描こう。デッキに出て、みんなで長い大きな楽譜を描く。ついに、大きな板に貼りつけられた五線紙が園庭に登場し、赤、青、黄の絵の具を入れた水風船がたらいの中に用意された。子どもたちは、大きな五線紙向かって、水風船を投げる。はじけた水風船のあとは、ダイナミックな図形譜になった（右ページ下段中央の写真）。

　食事のとき、Aくんが乳酸飲料の空き容器を押すと、音が出ることに気づいた。「カエルみたいな音がするよ」。担任も耳を澄ませてみる。空き容器を何度も押し身近なものが出す意外な音を確かめていた。まわりの子どもたちも、いろいろな空き容器をたたいたり、押してみたりして、音を出しはじめた。コップやお弁当箱、それぞれの音がした。音に気づくと、音を使って遊ぶ方法はたくさんあることに気づいたのだった。

踏切を通る列車の音を、体で感じる。　→　「列車の音」

第 5 章 「プロジェクト・アプローチの実践例」

大好きな友達が笑っている。

「笑い声」

深いたて穴で、声はどう聴こえる？

「マンホールの音」

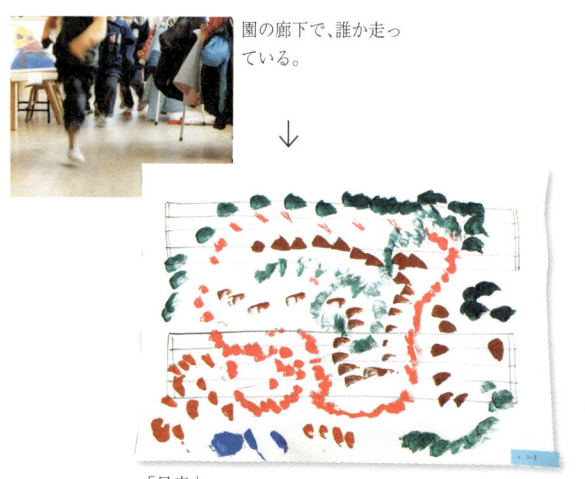

園の廊下で、誰か走っている。

「足音」

巨大竹琴が出現。

「水風船爆発の音」

コップやお弁当の容器の音は、どんな音？

99

6 音から生まれた物語

　音を描く遊びはピークを過ぎたあとも、やりたい子がマイペースに描くことが続いていた。保育園では、毎年2月に作品展を行う。0歳から年長児まで、すべての子どもが参加する大規模なもので、冬になると子どもたちは、1年のしめくくりに何を作るか考え始める。

　ほし組で風の楽譜を描いたSちゃんは、風の音から得たイメージをふくらませていた。園庭の遊具や木の梢をシューッと吹き抜けた風を思い、「わたしも風になって飛び回りたい」と思うようになった。風のように空を駆け回りたい、という思いを、形にしてみたい。Sちゃんは担任と「どうしたら飛べる？」と話すなかで、みんなが大きなうちわであおいでくれて、それで空へ飛ぶ、という物語を思いついた。友達が起こしてくれる風を受けて飛ぶには、大きな翼が必要だ。Sちゃんは大きなダンボール板を翼の形に切り抜き、布や糸を貼り、自分の背よりも長い、立派な翼を作った。楽器に興味をもち、バイオリンを作った子もいる。

　保育園では、子どもたちにもっと自由な音の表現を楽しんでほしいという願いがあり、以前から音へのアプローチに取り組んでいた。赤ちゃんのように自由な、即興性のある表現を保育のなかで大切にしたい。そのために、保育室のなかや外に、楽器のエリアを設置するなど、いつでも自由に音の出せる環境を整えていた。楽器の中には、職員の手作り楽器も含まれている。また、一日の活動を始めるときに「今日の天気はどんな音？」と問いかけたり、子どもたちが大切に飼育しているとかげをテーマに、「とかげの好きな音って、どんな音かなあ？」と問いかけたりしていた。モーツァルト・プロジェクトで、子どもたちはさまざまな音を発見し、体感し、表現した。個々の表現はお互いの刺激となり、さらなる音の発見や、新しい表現へのチャレンジへと展開していった。音の世界の探検は日々の生活を豊かにし、たくさんの豊かな作品を生み出した。

左／「この翼で風みたいに飛ぶよ！」
右／見本を見ながら熱心に作った、ベニヤ板のバイオリン。急なカーブの部分だけ、保育者が切るのを手伝った。

4 遊びきる

　2011年の赤碕保育園では、「魔女のプロジェクト」「切手のプロジェクト」「とかげプロジェクト」など、複数のプロジェクトが活発に展開していた。そんななか、ほし組で夏以降始まった「お店屋さんプロジェクト」は、クラスの枠を超えてプロジェクト同士が部分的に融合するほど、勢いのある大きな活動となった。

　はじめは3〜4人で遊ぶ「カップケーキ屋さん」だったものが、お客を呼び込んで繁盛するにつれ、参加者を増やし、実物を売る本物の「お店」の実現へつながる。それはさらに多くの子どもたちをひきつけ、プロジェクトに参加するメンバーが大幅に増えた。新規の出店が相次ぎ、新たなシステムやルールが次々つくられる。年長児ほぼ全員が参加したミニ商店街は、独自の経済システムをもつ、小さな独立国となった。

　アイデアがアイデアを呼び、それがさらに子どもたちの熱を呼ぶ。プロジェクトは、そのエネルギーを吸い込みながら台風のように増幅し、成長し、もっと楽しい方へと上昇し続け、卒園の日まで走り続けた。「遊びきる」というのにふさわしい、子どもたちの熱狂の日々を振り返ってみよう。

1　それはカップケーキ屋さんから始まった

　はじまりは、ごくふつうのごっこ遊びだった。女の子3〜4人が「カップケーキ屋さん」ごっこで、くり返し遊ぶようになった。いつも決まったメンバーでこぢんまりと遊んでいて、ケーキの種類もごく少なく、はじめは客もまばらであった。商売は、繁盛したほうがおもしろい。ケーキ屋さんは考えた。お客さんに来てもらうにはどうしたらいいのだろう？

　まず、ケーキの種類を増やした。クリームに見立てた色とりどりの毛糸が、カップの中に並んだ。新しくカウンターをとりつけ、店構えがバージョンアップ。街のカフェやレストランを思い出し、「入り口には、手書きのボードがあるよね」。そこで、手書きの宣伝ボードが登場。新規のお客獲得のためにオリジナルショッピングバッグを作り、「来てね」といって配る。リピーター獲得のためには、スタンプやくじ引きのサービスを開始。カップケーキ屋さんは、順番待ちの列ができるほどの人気店になったのだった。順調な繁盛ぶりを見て、「わたしもやりたい」という子どもたちが出てくる。クレープ屋さんなどが、店を出し始めた。

初期のカップケーキ屋さん。ワゴンひとつの素朴なお店だった。

オリジナルショッピングバッグ。

看板ができる。

待っている間の、お客用の椅子が登場。

2 本物を売りたい！

　店舗が複数になるとお互いに刺激を受けるのか、各自の商売はさらに進化していった。カップケーキ屋さんの店構えはますます本格的になり、教室の一角に小さなカフェがあるようだった。商売のおもしろさに目覚めた子どもたちは、よりリアルな体験を求め、「本物のケーキやクレープを売りたい」という声があがるようになった。

　そこで担任はいった。「じゃあ、企画書を書いてください」

　唐突に投げられた「企画書」という言葉に、子どもたちはポカンとする。「キカクショってなあに？」との問いかけに、担任の答えは「自分たちで考えてみて」。あえて説明しなかった。子どもたちの思いの強さに確信があったので、乱暴な投げ方をしても、きっと乗り越えるだろうと考えたのだ。本物を作って売るのはもちろん大変だが、そこまでやるなら、「店」というものについてもっとしっかり考えて取り組んでほしいと思った。子どもたちはおでこを寄せ合って話し合う。やがて出てきた企画書は、カップケーキやクレープを作るのに必要な材料や道具が書かれていて、それなりの内容を伴ったものに仕上がっていた。

　材料の買い出しに、近所のスーパーへ行く。店の看板やのれんを作る。食べるためのテーブルや椅子を整える。当日は給食室の助けを借りながら、調理の一部を担当する。保護者や保育者も買いに来て、どの店も大にぎわい。盛況のうち無事に終わった。

第5章「プロジェクト・アプローチの実践例」

左／スーパーで買い出し。　右／みんなで生地を作る。

カップケーキ屋さんの企画書。

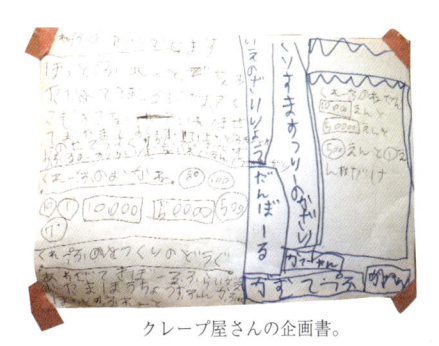

カップケーキ屋さんののれん

クレープ屋さんの企画書。

お茶屋さんののれん

左／クレープ屋さんの店構え。　右／押すな押すなの大盛況。

103

3　銀行登場

上／初期のお金。　下／ほかのお金を混ぜてみた。

　売買にはお金のやりとりがつきものである。子どもたちはお金についてどう考えているのだろうか？　カップケーキ屋さんの人気が出始めたころから、担任は園長とよく話題にしていた。初期のカップケーキ屋さんごっこでは、客になる子がその場でお金を作って店に払い、買い物が済んで帰るときにそれを返してもらうというシステムだった。本物のお金として機能しているのではなく、売買の行為を続けるためのツールだった。色紙を紙幣やコインの形に切ったもので、数字も書いてないものが多かった。

　担任は、別のお金を持ってカップケーキ屋さんに買い物に行った。別のクラスで進行している「切手プロジェクト」で使われているお金だった。違うお金が混ざると貨幣の価値が混乱し、それが考えるきっかけになることを期待していた。ケーキ屋さんはあっさりそのお金を受け取り、異なるお金も受け入れて遊びは続いていった。お金はやりとりのツールとしてあればよく、お金の価値は二の次だったようだ。

　本物を売ることになったとき、あらためてお金について、問いを投げかけてみた。
　「みんなのおうちでは、買い物するときどうしている？　お金を自分たちで作る？」。
　子どもたちは考えた。確かに、本当のお金は自分で作ったりしない。では、お金はどこで作られる？　お父さんやお母さんは、どこからお金を持ってくる？「ふだんは銀行に預けてあって、そこから出す」ことに、子どもたちは気づいた。本物の店をやるんだったら、銀行も作るべきだ。

　銀行の企画書が作られ、当日のお店屋さんには銀行も軒を並べた。お客さんたちは、買い物の前にお金を手にしなくてはならない。銀行の前には列ができた。あまりの多さに、銀行のお金は発行が追いつかず、あわててカップケーキ屋さんの売上金を借りてしのぐ場面もあった。手作りの紙幣が「お金」として機能、流通しはじめた。

お金を作るのが間に合わない！

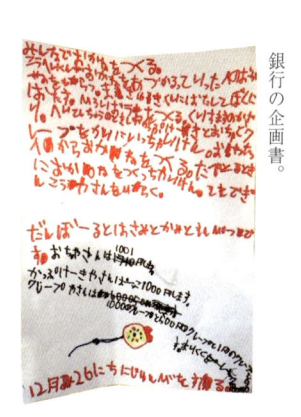

銀行の企画書。

104

4 出店相次ぐ

　12月末に本物を売る店が大盛況のうちに終わったあと、年が明けると、子どもたちのお店屋さん熱は一気にヒートアップした。出店希望者が相次ぎ、店の種類もぐっと増えた。おみくじ屋さん、チョコレート屋さん、お寿司屋さんなどが始まり、クラスの枠を超えて年長児全体が参加するようになった。お店屋さんプロジェクトのために、午後のほし組はお店屋さん専用スペースとなった。昼食が終わると年長児が各自の荷物を持って集まり、机を動かして開店準備を始める。開店している間は商品を作り、接客をし、まめまめしく働き、時間がくると店を閉め、片づける。このくり返しがあきることなく続けられた。

　商品開発も進んだ。本やちらし、写真を見るだけでなく、家の人と出かけたときに店の様子をしっかり観察し、品物のディテールを見てくる。作りたいもののイメージがはっきりしてきて、それを表す素材の選び方、使い方もレベルが上がってくる。夏には紫色ひとつだったカップケーキは、明るい黄色やオレンジ色の生地をベースに、華やかな色のトッピングが施されるようになった。別の店では、丸めた紙に色を塗ったボール型のかわいいケーキが好評だ。紙箱トレーの中にきれいに並べられたさまは、本物のケーキ屋さんのウインドーさながらである。お寿司屋さんでは、一番人気の卵焼き、まぐろ、えび、鉄火巻きにカッパ巻き、穴子の握りも登場した。

　できるだけお客のニーズに応えるために、誰が何を買ったのかを記録する購買履歴のノートをつける店も現れた。こまめにノートを見返し、どの商品が人気なのかを判断し、売れ筋の商品は製造を増やす。メニューにない商品を頼んだりすると、次にはそれがきちんと用意されている。

　サービスもいっそう向上した。お寿司屋さんには、その場で食べられるスペースもできた。「いらっしゃいませ。こちらでお召し上がりですか？　お持ち帰りですか？」とたずね、商品を渡す前には「お待たせしました」のひと言がある。店を開いていながら、客として行ってみたい店もある。そんなときは「閉店」「もう少しお待ちください」などの札を出してから出かける。

　こんな仕事の手法をいったいどこで知ったのか、大人と遜色のない経営ぶりだ。

色とりどりのカップケーキ。

緻密に詰められたお寿司の、おいしそうなこと。

お客用のトレー。いろいろなお店で買った品物を入れることができる。

特大穴子の、豪快な握り寿司。

5　新たなシステム

　銀行は継続してお金を発行し、お金のやりとりも一層リアルになってきた。代金としてお金をもらうだけでなく、きちんとお釣りを渡すということが盛んになった。1000円を持っていき、20円の商品を買うと、店から980円のお釣りが返ってくる。店頭のレジには仕切りのある箱が置かれ、お金が種類別になって収納された。

　お店が繁盛するにつれ店の仕事は分業になり、店頭で接客する子、店の奥で製造する子、役割分担をして効率を上げた。それでも追いつかなくなると、ついにアルバイトを雇う店が出た。売上金から、きちんと賃金が支払われるらしい。またある日、「卵屋さん」がオープンすると、売上金で卵を仕入れ、それで製品を作るお店が現れた。このように、銀行の作るお金は、ミニ商店街の地域通貨として立派に流通し、循環した。お得意様が使えるよう、各店舗共通のスタンプカードも生まれ、互いに提携して商店街を盛り上げた。

　このころになると、担任たちはひたすら、「とにかく余計なことをしないように」「できるだけさわらないように」、それだけを心がけた。子どもたちの創り上げた世界を壊したくなかったのだ。

第5章 「プロジェクト・アプローチの実践例」

アルバイトに雇われた、製造担当の子どもたち。

仕入れた卵で作った、卵のお寿司。

銀行で発行された統一貨幣を使いレジで管理する。

銀行の作ったお金。

107

6　遊びきって、終わる。「もうくたくたです」

　本物のケーキやクレープを売ったのがクリスマス。年を越して3月になっても、子どもたちの「お店屋さん」熱は冷めなかった。卒園前にいろいろ行事がたてこんでくると、お店屋さんができない日も増えてくる。子どもたちは「5分でいいからやらせて！」と懇願した。

　お客さんがもっと来てくれたら、もっと楽しい。本物を売ったら、きっとおもしろい。お金をきちんとしたら、もっと本物みたいになる。もっとおいしそうなケーキを作りたい。もっとたくさん作りたい。もっとお客さんに喜んでほしい。子どもたちは飽きることなく「もっと楽しく」を求め、考え続けた。プロジェクトは、卒園の日まで走り続けた。

　卒園式の翌日。片づけられた教室で「本屋さんをやる」と、本を作った女の子がいた。その本には「おもしろかった。もうくたくたです」と書かれていた。

　せかされず、しばられず、ゆったりと、しかし情熱的に、子どもたちはプロジェクトの時間を遊びきった。

女の子が作った本。

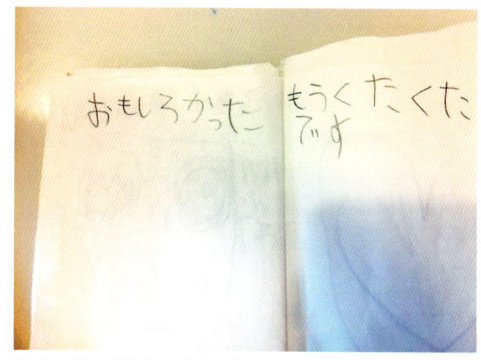

「これを読んだとき、本当にうれしかった」とは、担任の弁。

108

5 未来への学び

　とかげというのは、誰でも知っている身近な生き物のひとつだ。けれど、とかげが何を食べてどのように暮らし、寒い冬を越しているのか、正しく理解している人は多くない。とかげプロジェクトの子どもたちが用意したとかげの家も、はじめは土の上にプラスチックの空き容器が置かれただけだった。しかし冬を迎えるころには、隠れ家は石や木の枝に変わり、土の上には落ち葉が敷きつめられ、とかげのために植木鉢で草を増やすまでになった。

　多くのとかげたちが、子どもたちの目の前でえさを食べ、死に、あるものは交尾して卵を産み、あらゆる生のステージを見せてくれた。そのなかで子どもたちは、とかげが生きる環境を考え、生死について考え、捕食するものとされるものについて考えた。答えの出ない問いについて、子どもなりに真剣に考え続けた。年長児を中心に、たくさんの子どもたちがとかげと向き合った一年を、振り返ってみよう。

右／こうしてトカゲと目を合わす。
左／とかげを扱う女の子も増えた。

1 とかげを飼いたい！

　はじまりは、Kくんの飼っている1匹のとかげだった。草むらで日光浴をさせたり、缶の上に乗せて園内を散歩したり、実に楽しそうにとかげと遊んでいる。Kくんが見つけたクモをとかげの口に当てると、とかげはパクリと食べた。「とかちゃん、食べた！ 歯がないのに」。Kくんの手からえさを食べたとかちゃんを見て、ほかの子どもたちもとかげが気になり始める。その矢先、門のそばで新たなとかげを発見。捕まえようとしたら尾が切れた。切れても動くしっぽを見て「なんで動く！」とびっくりする子どもたち。しっぽを切ったとかげは「フェリー」と名づけられ、Kくんの「とかちゃん」は「ポルシェ」となり、園で2匹とも飼うことになった。

　自分もとかげを捕まえて飼ってみたい。子どもたちはとかげを捕まえる仕掛けをあれこれ

考え出した。道のわきの草むらに牛乳パックが置いてあり、中には草が入っている。「とかげは草のところにすんでるから」というのが、Sくんの考えだ。魚を捕まえるペットボトルの仕掛けを見て、それを設置する子。手作り楽器で遊んでいた女の子たちは、音でとかげを引きつけようと考えた。とかげ好みの音を探すために、飼育ケースのとかげに向かっていろいろな音を聞かせてみた。すでにとかげを手に入れた男の子グループは、「とかげ会議」を発足。毎朝登園後すぐに会議行い、その日の仕事を決定、3人で分担してとかげミッションに取り組んだ。

とかげ博士のKくん。

とかげの通り道らしきところに仕掛けられた、ペットボトル。

左／粘土遊びでも、とかげ作りが盛ん。　右／6月はじめに描かれたとかげの絵。とかげについての理解はまだ浅い。

2 トラブル発生

　とかげの数は徐々に増え、デネブ、レモン、あいちゃん、ブドウなどが仲間入りした。そんななか、とかげをめぐるトラブルがあった。

　年長児のYくんが、年中児Iくんのポルシェを「いなくなった」といつわり、自分の虫かごに入れたのだ。担任にうながされて謝ったYくんに、Iくんは話した。「ほかの人が勝手に取ったら、Yくんは怒ると思うよ。ぼくみたいになると思うよ。ほかの年長さんは、こんなことせんと思う。長くなって給食の時間になって、おなかすいちゃうけ、許してあげんといけんと思う」。大人が介入しなくても、Iくんは自分の言葉できちんと話し、ことを収めた。

　一方、夏を前にとかげたちは元気いっぱい。子どもたちは考えた。別々に飼っているとかげを一緒にしたら、卵を産むのではないか？　雌雄の区別もつかないのに、そんなにうまくいくかなぁと思っていた担任をよそに、レモンとブドウは交尾を始めた。「けんかじゃないよ。さわったらダメ。交尾かも」「交尾ってなに？」「卵を産む準備だよ」。とかげと子どもの以心伝心か、一緒にしたのは絶妙なタイミングだったらしい。また、フェリーがKくんの手の上で脱皮するという、うれしい事件もあった。「めっちゃ、足まで脱いどる！」小さな足の指の先まできちんと脱皮する姿に、KくんとAくんは見とれていた。

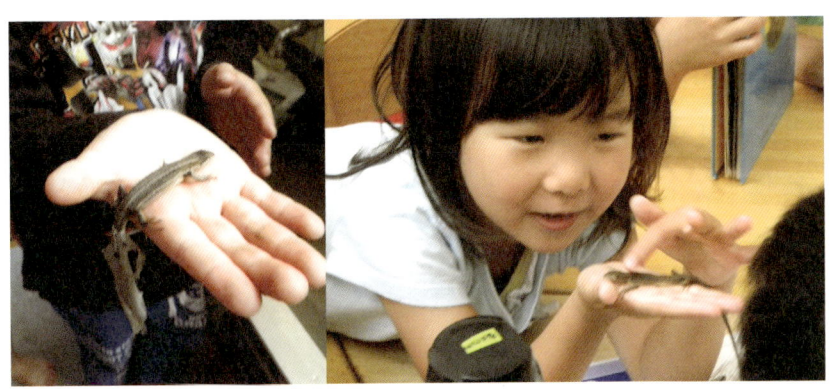

左／フェリーの脱皮。右／女の子も、とかげをゲット。

左／レモンは交尾後、白い卵を産んだ。
右／とかげの飼育ケース。土、隠れ家、葉っぱに水飲み場がある。

3 手のひらの上での死

　7月に入ると、飼育する数が増える一方で、死んでしまうとかげも出てきた。ほし組で飼っていたデネブは、朝、担任が死んでいるのを見つけた。子どもが気づくまで待っていたが、いつのまにかデネブの死体はなくなっていた。なぜ死んだのか話し合いながらWebをまとめたが、実際に見て確認できなかったため、子どもたちはあまり実感がわかない様子だった。

　久しぶりに晴れた、ある日のこと。えさにするバッタをとって飼育ケースに入れると、とかげたちは次々バッタに飛びついた。ところが、バッタをくわえたまま突然動かなくなってしまったとかげがいた。「ブドウが死んだー‼」

　子どもたちに動揺が走った。「今動いたよ」「動かんよ！」「暑いところに置いたからじゃない？」「さわりすぎじゃないの？」。手のひらにブドウをのせ、口に水を含ませたり、えさをあてがう。でも、ブドウは二度と動いてくれなかった。死が不可逆であることを、子どもたちは理解した。

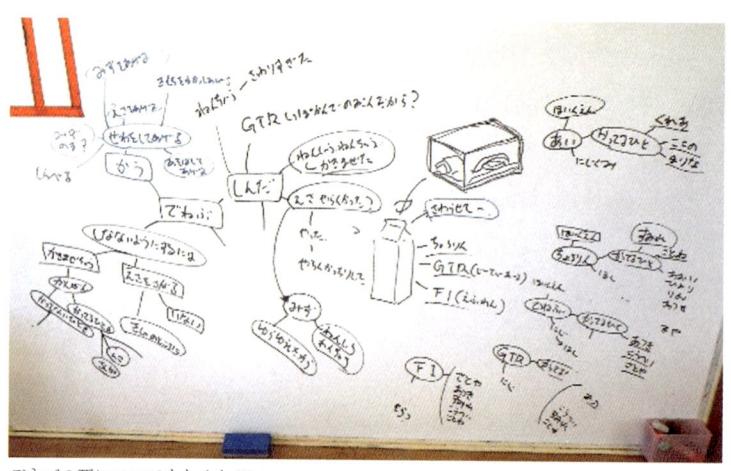

デネブの死についてまとめたWeb。

上／ぐったりとするブドウ。
下／子どもの手の上で、ブドウが動くことはなかった。

デネブの隣に、ブドウを埋める。

4 「死ぬ」って、どういうこと？

　次々に死んでしまうとかげたち。Sくんの「死ぬってどういうことだろうなあ」というつぶやきを契機に、年長児で話し合いをもつことにした。死ぬってどういうこと？　生きるってどういうことだろう？

　「生きるって……、動くこと」。死とは「生きれないこと」「臭くなっちゃって、硬くなること」。これは、ブドウの死の実感だろう。「おじいちゃんは死んだとき臭くなかった」「死んだら誰にも会えない」「好きなものも食べられない」「天国に行く」「埋めたら骨になる」「うれしいとか悲しいとか、なんにも思えない」。生き物が死ぬことについては、生命機能が停止し、もとには戻らないという理解があるようだった。そこでさらに「生きている」「生きていない」の定義をはっきりさせる

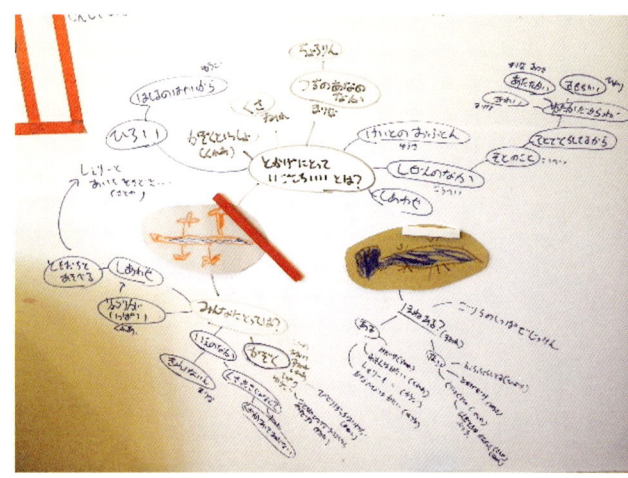

「死ぬってどういうこと？」を話し合ったWeb。

ため、子どもたちが何に対して「生きている」と思うのか聞いてみる。

　「木は生きてる」「石も生きてる」「空の雲も生きてる。だって動くから」「ペンは生きてるけど、インクが出なくなったら死ぬ」「時計だって生きてるよ。動くもん」「電気も光るから生きてる」。どうやら、動くもの、役に立つものは「生きている」と感じているようだ。子どもたちのもつ独特の世界観が明らかになった。

5 とかげの耳は？　とかげにとって、いい家って？

　朝、登園してすぐ、とかげを観察していた子どもたちから「耳がある。穴があるよ、ほら」という声があがる。同じときに、年少さんが園で飼育しているヒョウモントカゲの首に「穴、あいてる！」ことを発見した。そこで、とかげのパーツについて話し合いをもつことにした。

　耳については「鼻かもしれない」「耳じゃないと思う」「でも耳がないと、バッタの音が聞こえない」などの意見が出た。「手が人間の手みたい。指が5本あったよ」「毛がない」「かなへびはザラザラ、とかげはちょとすべすべ」。とかげの細かい部分まで、イメージができるようになってきた。

また、とかげの死や産卵を経験して、とかげにとって「居心地がいい」とはどういうことか、子どもたちは真剣に考え始めていた。とかげを見つけた場所や図鑑を調べ、「草を立てる」「隠れ家がある」などの言葉が出た。また、自分たちの「快適さ」を考慮して、「きれい」「あたたかい」などの言葉も出た。そして何より大切だと考えたのは「家族といること」。とかげたちの冬越の家を作るため、子どもたちは設計図を描いた。とかげたちが家族ですめる広さがあり、隠れ場所、水飲み場、えさの虫などが描き込まれた。そしてこの図をもとに、保護者の協力を得て、とかげの家が完成したのだった。

「足」についてまとめたドキュメント。

上／オスとメスと卵。とかげの家族。
下／完成した、とかげの家。

聴診器で心臓の音を聞いてみる。

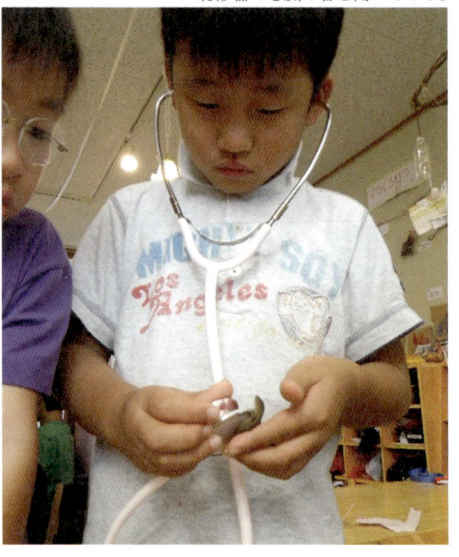

ヒョウモントカゲの「とかちゃん」。

6　命を食べることについて

　9月。子どもたちはカマキリがコオロギを食べているのを目撃する。食べられながらもがくコオロギの姿に、子どもたちの発言が相次いだ。「おなかの卵に、力をあげてる」「コオロギが怒ってる」「(カマキリは) ぜったい、ありがとうっていって食べてる」。生きた虫しか食べないカマキリは、コオロギを食べて命の力を取り込んでいると感じたようだった。とかげにあげるためにバッタとりに励む自分たちを振り返り、「カマキリやとかげは、生きてるまんま食べるけど、そのバッタをとっているのはわたしたちだよ」という言葉が出た。担任は年長児中心に問いを投げてみた。生きたバッタを捕まえてとかげにあげるのは、いいこと？　悪いこと？

　「とかげのお世話だから、いいこと」「生きたままあげるのはかわいそうだから、悪いこと」「カマキリやとかげは、好きで食べてるんじゃないと思う」。いろいろな意見が出るなかで、Sくんが言った。「いいか悪いかは、ぜったいわからない。とかげはいいと思うけど、バッタとかはいやだと思う」。いい、悪いの二者択一では答えの出ない問題に対し、新たな選択肢を出した。話はさらに人間の本質にまで及ぶ。「もし、いいことしても、人は悪いことにするに決まってる」という発言も出て、議論はおおいに深まった。

上／待ってました！　子どもたちの捕まえたバッタをくわえる、とかげ。
下／えさのバッタも、飼育する。

バッタとりに励む子どもたち。

これはバッタ用に用意した、バッタのえさ。

7 とかげアート

ペットボトルで作られた、ブドウ。

　とかげとの暮らしは、さまざまな作品を生み出した。遠足の集合写真の背景にする絵は、とかげになった。首からしっぽの先まできれいに細くなる体型、手足の指まで、リアルに表現されている。まわりにはえさになる虫も描かれた。

　町の文化祭に出す作品も、カナヘビとニホントカゲに決まった。立体製作をするために、参加する子どもたちはWebを描き、必要な材料を集めた。ペットボトルで作られたブドウは、写真を見ながら色が選ばれ、丁寧に模様がつけられた。年度末の作品展には、たくさんのとかげがお目見えした。中にロフトのある「とかげの家」を作った子もいる。うまくいかない場所は何度もくぎを抜いて打ち直し、9日かけて黙々と作り上げた。生死を目の当たりにしたこと、えさをとったこと、すみかを真剣に考えたこと。豊かな「とかげ体験」が、豊かな作品の数々を生み出した。

紙粘土でつくったとかげに、子どもたちが色をつけた作品。

若いとかげに見られる、金属光沢が表現されている。

とかげの家

第5章 「プロジェクト・アプローチの実践例」

とかげを作るために、子どもたちが描いたWeb。

遠足の集合写真用の背景。

117

とかげになるため、まずは身なりを整える。

とかげの修行はまだまだ続く。

第6章

作品から読み解く

～赤碕保育園2013・2014年度「生活とアート展」より

1 「私のストーリー」の生成

(1 プロジェクトと作品)

　プロジェクトは、5章で紹介した事例のように大きな展開を見せるものだけでなく、個人がじっくり取り組んだものや、短い期間で収束するものもある。プロジェクトの規模の大小にかかわらず、子どもたちはそれぞれのプロセスで多くのものごとやできごとに出会い、そのときどきでそれを表現する。絵で表されることもあるし、立体の造形として表されるときもあり、さらに劇遊びやごっこ遊びになることもある。表現の形はさまざまだが、いずれの作品や遊びにも、たっぷり遊び込んだ時間の豊かさが表れている。

　赤碕保育園では、年度末に「生活とアート展」という作品展を行っている。0歳から5～6歳まで、すべての子どもの作品が一堂に展示されるのが大きな特徴だ。そこには、大きな展開を見せた5章のようなプロジェクト・アプローチの実りを感じさせる作品だけでなく、一人ひとりがじっくりテーマをもって表現に取り組んだ、いわばその子だけの「プロジェクト」による作品もある。この章では、それらの作品を読み解きながら、プロジェクト・アプローチについて重要な観点を整理し、「アートを通した保育」のあり方について考えてみたい。

(2 「その子らしさ」への眼差し)
～モーツァルト・プロジェクトより～

　プロジェクト・アプローチにおいて大切にされなければならないことは、「子どもの主体性に任せた、子どもから発する保育の実践」であろう。その実践は、「一人ひとりは異なる」ことを前提にしているため、結果として、実践がその子らしい表現を生み出す。子ども一人ひとりの背景にある生活実感や感じ方が表現のもととなる以上、そこに生まれる表現は、当然、異なるはずであり、その異なりを認め、大切にしていくことが、さらなる主体的な表現を導き出していく。

　たとえば、モーツァルト・プロジェクト（94ページ参照）では、担任が「風の音を描いてみよう」と提案した。すると、さまざまな「風の絵」が描かれた。それぞれの絵には、その子の生活のなかでの気づきや感じ方の違いが、そのまま表現となって表されている。やが

第6章 「作品から読み解く」

て子どもたちは、実際の風の音だけでなく、大人が気づきもしない、雨の音やエアコンの音、ブランコの音へと興味を広げ、それを表現するようになる。

　「ブランコの風の音」（作品A）では、実際には聞こえない音が、子どもたちにはイメージとなって聞こえていることがわかる。「雨の日と晴れの日の風の音」（作品B）では、音のイメージは物語と結びつき、絵は言葉となった。作者であるSちゃんは、音の絵を楽譜のようにピアノの上に置き、ピアノの音で絵を表し、その子のストーリーが展開していった。この事例では、風から感じたさまざまなイメージが、「表す」ことによって結びつき、広がり、深まったことがわかる。身体と言葉と造形と音が、表現という行為で結びついたのだ。

🅐「ブランコの風の音。ブランコの音は聞こえないけれど、見たのを絵に描いた。」

🅑「雨の日と晴れの日の風の音」

保育士：「どんな音だったの？」
S：「『風の音、シュー』って音。ほら葉っぱが揺れている。雨が空から降ってきた。やまももを食べた。雨は『ビュー』って音だった」
保育士：「黒色はなに？」
S：「お化け。森のお化け。森の中のお化けが意地悪やった。」
保育士：「どんないじわる？」
S：「おうち壊した。だって……（後略）」

🅒「園庭の風の音、シュー」

　さらに、素材の選び方に着目して見ると、その子その子の感じ方が違えば、その選択も異なってくることがうかがえる。例えば、葉っぱを貼って描いた子の「園庭の風の音、シュー」（作品C）からは、風に揺れる「葉っぱのささやき」が聞こえてくるように感じられる。つまり、「その子にはその子の表したい内容があり、その子の表現がある」ということである。

　その方法を子どもが自分から選択し見つけていくことができれば素晴らしいことであるが、常にそれができるとは限らない。重要なことは、少しでもその子が表したい内容を予測し、環境としてその材料を準備していくことである。自ら関わりたくなる環境、できごとを生み出してみたくなる環境、興味がわく環境、その環境があれば、さらに子どもたちの表現は自分らしい表現へと展開していくだろう。

　しかし、選択の幅は多ければ多いほどよいというものでもない。たとえば絵の具ならば、色数を増やすことで逆に子どもたちの表現を混乱させたり、見失わせてしまうこともあり、

121

題材によっては、白黒だけで描いたほうが深い表現を探求できるときもある。絵画を例にしていえば、子どもが表したいであろう内容を想像したとき、描画材の種類や、色数、紙の種類、紙の大きさ、筆の種類、絵の具の水の分量も環境になるわけで、その環境を準備することが、その子らしい表現を生み出す重要な要因となる。そして、それは日常のなかでその子の気づきや感じ方を見つめようとする大人の意識と理解があってこそできるのである。

3 「私」が見ている世界
~わたしの世界プロジェクトより~

「風の絵」のように同じテーマを描いた絵であっても、生活のなかで新たな気づきと感じ方が常に積み重ねられ、それによって新たな表現の変化が、日々生まれていくことがわかる。そのささやかな変化や広がりを子どもと共有しながら、その子の育ちを見守っていきたいものである。

2歳児Mの
「わたしが見ている世界」

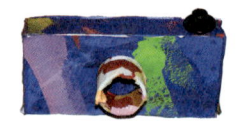

「足もと」

「つくえ」　　「タオル」　　「水の流れる地面」

「水槽の中」 　　「空」

これらの写真は、2歳児が写した写真集の一部である。先生のデジタルカメラに映し出される画面に興味を抱いたMくんは、自分でカメラを作り撮る真似をして遊んでいた。先生が本物のカメラを渡すと、日常の生活を夢中になって撮り始めていった。これらの写真から見

第6章 「作品から読み解く」

えることは、日常の大人の視点とは明らかに異なった、その子の世界があるということである。大人と同じものを見ていたとしても、子どもが見ているところや感じているところ、興味を向けている視線や視点は異なっていることがわかる。このような子どもの視覚を通した世界は、子どもによって異なっているであろうし、同様に「さわること」や「聞くこと」においても、その子その子の「さわった感じ」や「聞こえ方」があるはずだ。このような子どもたち独自の見方や感じ方を読み取っていくところから、プロジェクト・アプローチの実践は始まっていく。

2 足元において、子どもから始まり、子どもが広げる 〜海プロジェクトより〜

1 「生活と風土に立脚した保育」

プロジェクトの実践のすべては、子どものつぶやきや行為、気づきや興味から始まっている。そして、その子どもの学びを広げ、つなげ、深めていく働きとしてアートが機能する。そして、ここで最も重要なことは、「立脚点はその子の足元にある生活」である。

赤碕保育園は日本海の近くにある。子どもたちは、海へ散歩によく出かけ、散歩のなかでさまざまなものを見つけ、それを拾い、さまざまなことに気づく。拾ったびんやボトルに書

123

いてあった文字が日本語と違うことに気づいた子どもたちは、「これはどこから流れてきたのだろう？」と興味を抱き、それを大切に持ち帰った。「だれがどんな思いで流したのだろう？」「海の向こうにどんな国があるのだろう？」。子どもたちは、異なる海の向こうの見知らぬ世界へ思いをはせた。その後、担任は資料館へ子どもたちを連れていった。そこでAちゃんはボトルに書かれていた文字と同じハングル文字を見つけ、その国の存在を知り、その国への興味を深めていった。そして、ペットボトルで「ボトルメール便」を作り、伝えたいことを紙に絵で描き海へと流した。その過程において、彼女のイメージは遠くの見知らぬ世界へ広がり、今の自分の思いが作品の中でつながっていった。彼女はその思いを「ぽとるめーるのぼうけん」という詩としてつづった。

「ぽとるめーるのぼうけん」（5歳児）
「わたしのぽとるめーるはたぶんさんどがさ（＊沖にある景勝の名称）をすぎています。かんこくとにほんのあいだくらいにあるかもしれん。さかながまちがえてせなかにのせてさんどがさにまたかえってきちゃったら、『えーちょっと』とおもう。りょうしのおっちゃんがさかなとおもってあみであげてぽとるめーるだったら『ざんねん』。でもずっとながれ、だれかにひろってもらえたらいいな（途中略）」

　同じように海に漂流物を拾いに行ったBちゃんは、そこにゴミがいっぱい捨てられていることを見つけ、担任と一緒に拾った。そこでの思いがもととなり、拾ったゴミをコラージュして海岸におく看板を書き始めた。Cちゃんは、海岸で見たその日の波がとても大きかったことに驚き、大きな波を粘土でつくった。港で大きな魚を見たDちゃんは、ビニールにその魚くらいの大きな絵を描いた。そして、夜になると遠くの海に浮かぶイカ釣り漁船の明かりに興味をもっていたEちゃんは、海での体験と光の世界への興味がつながりランプシェードを作り始めた。

　また、貝殻でいつも遊んでいた年少児のFちゃんは、拾ってきた貝殻を耳にあて「海の音がする」「スーって音」「ゴーもする」と貝の音を聞いてみた。そのことがきっかけとなり、貝殻やマカロニや毛糸を画面に並べながら遊び出し、その過程で海のイメージがふくらみ、「ひもの中は貝だよ、海にはいっぱい貝があるよ」と一つひとつの素材を丁寧に貼りながら作品にしていった。同じように、貝殻を使っていつもままごと遊びに夢中になっているGちゃんは、貝を見ていて「何か作ってみたい」と話し、いろいろな貝を並べ始めた。「ごちそうが作れそう」とままごとで使っていた空き箱と皿を使い「海の中で作っているの。貝に食べさせてあげる」と話し、海の中の世界を想像しながら「貝のごちそう」を作った。

「貝のごちそう」（4歳児）

第6章 「作品から読み解く」

「海の中に貝がある」（3歳児）

「ランプシェード」（5歳児）

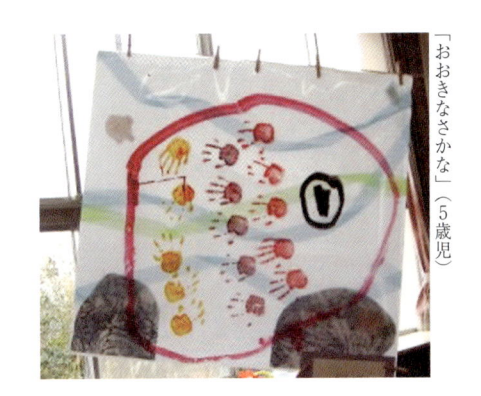

「おおきなさかな」（5歳児）

「ポスター」（5歳児）

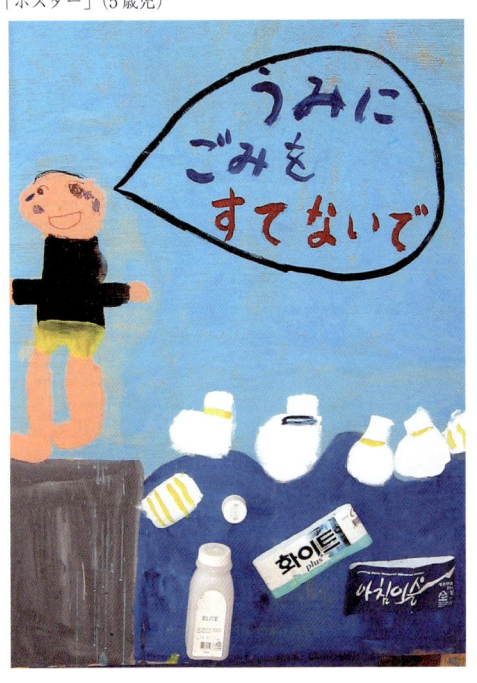

　このように、海に対する思いや感じ方は子どもによって当然異なっている。この「海プロジェクト」では、表現の方法も、その後の活動の広がりも一人ひとりが異なり、独自に展開していった。その子ならではの経験を表現のなかで結びつけることによって、海に対する見方や感じ方は広がり、子どもたちの想像は一層豊かなものとなって、日常の生活のなかへと還元されていった。

2 表現を生み出す文脈

　「海プロジェクト」では、一人ひとりの感じたことが大切にされ、その子に応じた展開が援助されているところが興味深い。その背景には一人ひとりの感じ方を読み取りながら活動を展開していこうとする担任の姿勢がうかがえる。その援助のもととなるところには、表現に至るまでの「子どもの経験」「日ごろの遊びや興味」「それまでの素材体験」がある。そして、製作前と製作中において変化していく「子どもの思いや願い」がある。さらに、それら

125

の背景や状況を文脈としてつなげていくことによって、製作時において必要となる「人的な環境と物的な環境」が予測され、一人ひとりに応じた保育が組み立てられている。

「さかなのエイだよ」を例に、それを表にまとめてみると次のようになる。

作品の背景と文脈：例『さかなのエイだよ（年少）』（ざる、クリップ、発泡スチロール、パイプ管）

過去の経験	生活経験	・父親が漁業界　・おじいちゃんが船を持っている。　・海への散歩　・魚への関心
	日常の表現	・積み木　・作っている過程で自分のイメージするものに見立てる。
	材料体験	・広告　・絵の具　・折り紙　・ダンボール
	他イメージ	・図鑑が好き。　・絵本
製作時における環境	人的	・誰に影響を受けることなく、一人でこつこつと自分の作りたいものを作っていた。
	物的	・素材を自由に触り感触を確かめながらイメージをもつ。 ・ざるにクリップを差し込んで「くらげみたい。」 ・発泡スチロールの穴がパイプ管の穴「これ目だよ」。
思い・願い	●製作前 ○製作中	●魚を作ってみたい。 ○「これでなにができるかなあ」 ○「これは目だよ」「ひれになるかも」 　「なんかエイみたい」

　年少児のKくんは、図鑑が大好きで魚に興味をもっている。お父さんが漁師なので、船に乗せてもらい海に出ることもある。彼の足元にある生活を基盤として、表現においても魚に関わるイメージは広がっていく。さらに、日常の積み木遊びのなかでは、「積む」「並べる」という行為を夢中になってくり返しながら、自分のストーリーを日々つくり上げていく姿が見られた。そのような状況のなかで、ほかの素材との出会いによって彼のイメージはさらに広がっていく。「これで何ができるかな？」とザルにクリップを差してクラゲに見立てたり、発泡スチロールに穴をあけ「目みたい」とくり返したりしていくなかで、自分から素材を選び、工夫し、最も興味のあるエイができあがっていった。彼には最初からエイのイメージがあるわけでなく、「並べる」「積む」「さす」「穴をあける」「組み合わせる」といったさまざまな行為から、魚のイメージが広がった。さらに図鑑や家での体験が、そのプロセスでつながり、「彼のストーリー」がエイの製作の過程で作られていったのである。

　このような一人ひとりがつくり上げるストーリーは、足元にある生活から始まり、それを援助する要素を保育者が整理することによって、子どもたちは自分のストーリーを深めていくことができる。

第6章　「作品から読み解く」

3 主体的な「学びの連続性」
〜レンガ・プロジェクトより〜

　子どもたちが自分たちのストーリーをつくり出していく営みは、心の世界を広げ、深め、学びを豊かにしていくプロセスでもある。そして、その学びは生活のなかで、断片的なものではなく探究心を伴い連続したものとなってつながっていく。

　次のレンガ・プロジェクトは、絵本の『三匹のこぶた』から始まった。「風が吹いてもつぶれなかったレンガの家を作りたい」という声が出て、担任の先生は、翌朝、皆が登園する前の保育室にひとつのレンガを置いてみた。「レンガってどこに行けばあるの？」「このレンガじゃちょっとしかないけ、家ができんよ」「ミキサー車持ってきて、レンガ作ろう」「粘着テープとノリでつなげよう」と、レンガ作りの話し合いが始まった。「レンガを何で作るか調べよう」「土を詰めて固めて作ればいい」「じゃあ、どうする？」ということで、皆は砂場に直行し、四角い容器に砂を詰めて「硬くなりますように」と手を合わせて祈った。しかし、容器に詰めた砂をドキドキしながら開けてみると、「できんかった」。

　「なんでだろう？」と考えた子どもたちは、「砂だったっけ」「最初に調べんかったっけ」と問題を見つけ、「絵本を見たら、粘土を固めて火で焼いとった」「粘土はどこにあるって？」「穴を掘ったら出てくるんだって」と解決の方法を見つけた。そして園外へ先生と一緒に粘土探しに出かけることになった。工事現場の方に教えていただき、粘土質の土をとってくる。それで直方体をいくつか作り、レンガをどうやって焼くかを話し合い、七輪の炭で焼いてみた。

127

レンガでどんな家を造りたいのか絵に描いて想像もふくらませたが、しかし、硬さを調べてみようと焼いたレンガのひとつを落としてみると、レンガは簡単に割れて砕けてしまった。

　「ホームセンターで買う」という方法も提案されたが、彼らのレンガ作りの挑戦はそこから再び始まった。ここで皆の目標は、「家を作る」ことから「硬いレンガを作る」ことへと具体的な目標に変わった。皆で街にレンガ探しの散歩に出かけると、「これは何だろう」とアスファルトやコンクリートなど、ほかの素材にも興味をもち始めた。ホームセンターにも出かけて話を聞いた。金槌で土を砕き、ふるいにかけて細かい粘土の粉を集め、水に溶かし、役割を分担し丁寧に粘土を作り、レンガの原型を作った。かまどでさつま芋と一緒に焼いてみると、灰の中から出てきたレンガは黒く焦げていたが、硬く焼きあがっていた。

　いよいよ大量にレンガを作ってみることになり、レンガを焼くための窯をレンガで作りたいと考えたDくんは、一体何個レンガを作れば窯ができるのか、積み木で実際に作って数えてみた。そうすると80個のレンガが必要であることがわかり、ひたすら作り続けた。上質な粘土は自分たちで作り出せることを知った子どもたちは、レンガ造りと並行して、自前の粘土で作品もつくり始めた。スイカの種を保育園で植えているMくんは「植木鉢」を、以前にランプシェードを作ったNくんは「粘土で灯り」を、恐竜が大好きなSくんは「太古の生き物」を作った。そしていよいよ、造形の専門家に野焼きで焼く方法を教えてもらった子どもたちは、先生と木切れやもみがらを園庭に積み、二日間かけてレンガを焼いた。焼きあがった作品とレンガは真っ黒であったがひとつも割れずに焼きあがった。

　このプロセスでは、子どもたちの願いや気づきから子どもは課題を見つけ、方法を考え、試しながら課題を解決し、数や量の数的認識や、物の変化や特性といった科学的認識や、街の構造や土の文化という社会的認識を深めている。さらに、子どもたちは、話し合い、仕事を分担し合い、協力し合いながら人間関係を培い、自分たちの文化を創り出しているのである。ここにおいて保育者は、その学びをつなげる道先案内人のような存在となり、子どもの気づきを察知し、子どもが探究していけるよう環境や材料を準備し、方法が広がるよう手立てを提供し、地域の人や施設との関わりをつくりながら子どもの知識を広げ、子どもの学びをつなげていく。その働きかけが子どもの探究心をわき立たせ主体的な学びを連続させている。

4 学びの痕跡とポートフォリオ

1 既存の作品展を問う

　学びの結果として表れる作品のとらえ方について考えてみたい。日本の教育に蔓延する作品主義は、作品展への考え方にも反映されている。作品の出来映えや結果に意味をおくのではなく、そこに至るプロセスにおいて子どもたちが何を学び、何に気づき、何を表現したのかを認め合い確かめあっていくことが大切にされるべきである。

　赤碕保育園の「生活とアート展」で紹介される内容は、子どもたち一人ひとりの「学びの痕跡」といってもいいだろう。展示される作品は、表す内容も方法も一人ひとり異なっている。そしてそこには、「ポートフォリオ」と呼ばれる1枚の紙が一緒に展示してある。

　「ポートフォリオ」とは、一人ひとりの作品が生まれるまでのプロセスや生活のなかでの様子や活動を1枚にまとめたものだ。単なる作品の説明ではなく、子どものどのような生活や気づきから活動が始まり、興味や関心がどのように広がり、どのような遊びや生活のなかでこの作品ができてきたのか、一人ひとりについて記されている。いわばそれは「学びの履歴」ともいえるものだ。そして、ポートフォリオとともに展示される作品は、その活動の出口で、色と形によって表された「学びの痕跡」としてとらえることができる。ここでの「アート」とは、作品そのものだけでなく、生活と活動のプロセスそのものを意味する。この作品展を保育者の視点から見ると、それは実践の見届けとなり、一人ひとりの子どもに向けられた愛情の足跡のように見える。

2 事例 - 作品の背景と意味 -

○生活経験をつなげる

　作品とポートフォリオに見られる背景と製作の過程から、作品の意味と子どもの学びを見ることができる。まず、家庭での経験や生活は子どもの表しの背景や根底となり、要因となることが多い。園生活はその文脈を表現においてつなげていく場でもある。

　粘土遊びが大好きな年中児のSちゃんは、最初、弟を粘土で作り始めた。作りながら「弟とお母さんとお父さん……」と、一緒に住んでいる家族の名前をいって「家族のみんな作りたい」と、一人ひとりの特徴を思い出しながら気持ちを込めて作り、布団の中に「こたつにしよ」といって並べていった。そして最後に、愛犬を作って布団の中に入れ完成させた。こ

れらの作品は、どれも大好きな家族への思いが込められた作品となっている。家族観や家族への気持ちを確かめるように作品に意味が生まれている。

積み木で家や動物を作っていた年少児のGくんは、木片で「いえを作る」といい、作り進めていくなかで、「外も作ろう」と店に行ったことやそこでアイスを食べたことなどを話しながら完成させていった。この作品はGくんの生活に密着した作品であり経験したことがそのまま表現されている。また、同じ年少児のUちゃんも、毛糸で遊んで行くなかで線路を作り始め、家族で電車に乗ったときのことを思い出しながら、「山は楽しい山やから、ピンクの川が流れていて笑っとる」と話しながら駅や家や山を作り、自分が電車になりきり、そのなかで情景や景色を思い浮かべながら遊んでいた。これらの事例は、素材体験の連続が生活経験とイメージを結びつけている。

このように保育室は、園外と園内の生活経験を結びつけて、子どもの見方や感じ方を深めていく場でもある。その役割を果たす活動としてアートが位置づけられている。

題名　みんながこたつにはいっとる　ほしぐみ（年中児）

図1. 粘土遊びが好き
粘土で人を作ったり、ベロベロキャンディーを作ったりして遊んでいる。黙々と作り、出来上がると友だちや保育士に「見て〜」と嬉しそうに見せに来る。

図2. 紙粘土で家族を作る
作品展では、弟のきらと君を作りたいと言っていた詩音さん。紙粘土を渡すと「きらととー、お父さんとお母さんと…」と一緒に住んでいる家族の名前を言って「（家族）みーんな作りたい」と言う。

図3. 一人ひとり気持ちを込めて作る
「あ、お母さん（顔）白だった！」と、白い粘土で顔を作ったり、「おとうさんは、ひげがいっぱーい」と黒い粘土でひげを付けたりする。
顔のパーツを付けて「はな…これは大き過ぎるな…」と、大きさを調節する。目を付ける時には、「白と黒！」と言って、白目の部分も作っていた。

図4. 服を決める
家族一人ひとりが着る服を、素材の布から選び紙コップに貼る。

図4. こたつに入っているように…
「こたつにしよー」と言って作った粘土を横にして並べる。
犬のチェリーは、布団をめくって入れる。「い〜ぬは、こったつでまるくなる♪」と歌う。

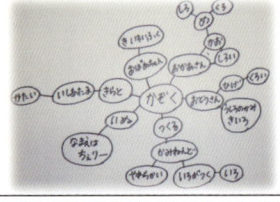

〈考察〉　この1年間、詩音さんは粘土遊びで、表現したいものを作りだしてきました。今回は紙粘土を使って大好きな家族の顔を作りました。家族を作る時に、○○はこんな特徴があって…と、一人ひとり思い出しながら夢中で作っている姿がありました。紙粘土では色を付けることが出来たので、細かいところにも目を向け、色や形を意識する等、今まで以上に粘土での表現方法が広がっていたと思います。

「家の中と外」(年少)

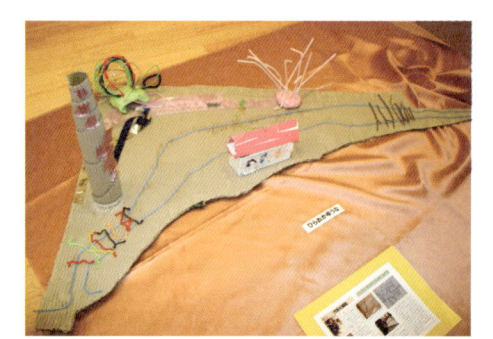

「汽車の線路」(年中)

「みんなコタツにはいっとる」(年中)

○園生活での学びを深める〜花プロジェクトより〜

「レンガ・プロジェクト」の事例でも見てきたように、年齢が増すにつれ、アートが園での生活と学びを深めていく。

　年中児のMちゃんは、年間を通して、毎日、水をやり朝顔、ひまわりを育ててきた。花の絵に興味をもち描いてみた。ふだんの遊びでも、花のことが意識にあり、吹き絵をした形を見て、「花の根っこみたい」と興味を深め、さらに樹脂粘土を薄くせん切りした花びらを1枚1枚貼りつけていった。そして、ペットボトルの底で光を見るときれいな花のように見えることを発見した。光で花を作ることを保育者が発案すると、箱の底にカラーフィルムの、箱の中にミラーフィルムの花を作り、その上に粘土の花を置いた。3種類の花が重なり、光を通すことで新しい花模様が生み出された。それ以後も、「今度は毛糸で花を作りたい」といろいろな手法で花を作っていった

　同じように花壇で花を育てている年長児のYちゃんは、さらに花の特徴に興味をもち、観察しながら絵を描き、自分の生活空間のなかでも育てたいと植木鉢を作った。そして、育てた花をフェルトを使って細かく丁寧に作っていった。これらは、園の経験が花への関心を深めさせ、主体的で想像的な表現を生み出し、彼女たちの感じ方や生活そのものを豊かにしている事例である。

「はな」(年長)
(粘土、フェルト、紙)、
(織りもの)

題名「はな（光と作る、粘土の花）」　　ほしぐみ(年中)

図1　花を描く
・年長が描いている花の絵に興味を持ち、自分も描いてみる。これまでも朝顔やヒマワリを育ててきており、花を作りたい気持ちが強くなる。

図2　花の根っこ
・普段の遊びでも、花のことが意識にある。吹き絵をした形を見て、「花の根っこみたい」

図3　粘土で花を表現
・花作りの素材には、友だちが使っていた樹脂粘土を使う。薄く千切り、花びらの1枚1枚を貼り付けていく。

図4　光の箱で花を表現
・ペットボトルの底で光を見ると綺麗な花に見える、と言う。光で花を作ることを職員から発案。箱の底にカラーフィルムの花を、箱の中にミラーフィルムの花を作り、その上に粘土の花を置く。3種類の花が重なり、光を通すことで、新しい花模様が見える。

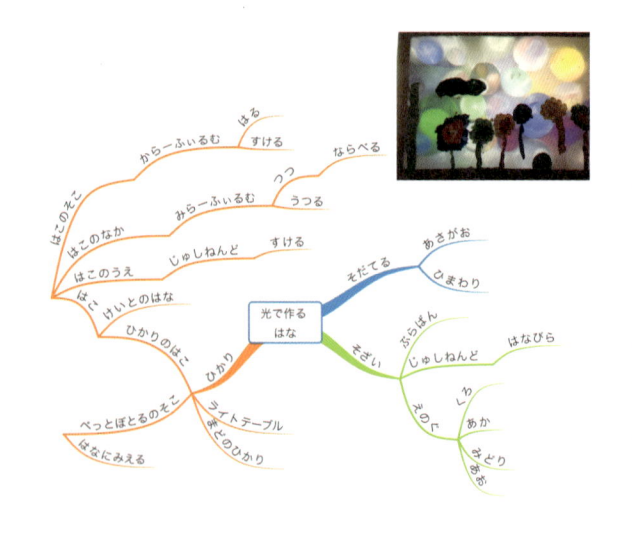

<考察>
クラスの友だちがすることには色々と興味を持ち、いろんなものが作りたくなる　　　　でしたが、後半は一貫して花作りに集中していきました。自分のイメージしたものを作り、それを重ねてさらに光が加わることで、全く違った見え方になることに面白さを感じています。「今度は毛糸で花を作りたい」とまだまだこれからもいろんな手法で花を作ることに意欲を見せています。

○生活世界との関係を探究する～椅子プロジェクト～

　生活のなかで物との出会いを通して生まれるさまざまな認識や思考は、アートを通して具体的なものとなっていく。

　年長児のKくんは、「保育室にも人が来たらすわれるように椅子を作りたい」と考え、本物の椅子を観察し仕組みについて調べ、実際の椅子ですわり心地がよいか、丈夫なのかを試し、材料を探し作り始めた。丸い筒と板を見つけ、何度もすわってみて壊れるたびに修理をし、どの位置に脚をつけたら安定するかを考え、背もたれはくぎを打ち、試行錯誤をくり返し完成させた。そして今度は、絵本の『どうぞのいす』を思い浮かべ、紙粘土を使って果物や動物の椅子を作り、「置いておけば穴から出たとき休憩できる」と話し、自分の椅子の上にその椅子を置いた。

　年長児のTくんは、保育者が奏でたトランペットを聞いて、それを自分で作ってみたいと考えた。本物の楽器に触れ、要らなくなった楽器を分解し、メジャーで長さを測り、試行錯誤しながら長時間にわたる製作が始まった。園庭に巻いて置いてあったホースからヒントを見つけ、管やピストンの部分を表現するためにさまざまな素材を自分で探し、組み合わせ、作るたびに吹く真似をして試し完成させていった。

　これらの事例では、自分で材料を探し、見つけ、選び、方法を考え、試しながら子どもは試行錯誤をくり返していく。数学的、物理的な思考や、音や物語の世界へつながる想像性を育みながら、彼らのストーリーが展開している。

第6章 「作品から読み解く」

左／「いす」（年長）
右／「トランペット」（年長）

題名 「いす」　にじぐみ（年長児）

図1　本物の椅子の長さを測ってみる。
本物の椅子を観察しどのような仕組みになっているのかを調べる。そして、どうしたらよいかを考える。

図4　背もたれを作る
ボンドでは付かないからくぎを打つと自分で判断し、くぎを打っていく。

図2　材料選び
どれが丈夫なのか、どうすれば座って座り心地がいいのか、実際座っていろんなものを試す。

図3　ボンドで固定
ボンドが少ないとすぐ折れてしまう。何度も座ってみて壊れるたびに修理をする。どの位付けたらいいのか、脚はどの位置に付けたら安定するのかを考え繰り返し試す。

図5　紙粘土
紙粘土を使って小さい椅子が作りたいと話す。絵本「どうぞのいす」を思い浮かべ果物や動物の椅子を作り始める。置いておけば穴から出てきたとき休憩できると話す。

＜考察＞いろんなものを見て、こんなのを作ってみたいとひらめく姿が抜群でした。発想する力があり、やってみたいという好奇心の中から、していく中でいろんな思いが芽生え、椅子を作る時も丈夫で安全に作ると、いろんなことを試し、壊れてはやり直しをしていました。友だちが使っているのを見て自分もしてみたいと、イメージを沸かせ、最後に「ごみ箱に捨てられた椅子」が出来上がりました。いろんなことが繋がっており関連しているのですが、何かを見てぱっと思いつく、環境のなかで、常に学びがあることを実感させられました。

○想像の世界を広げる〜手作り絵本プロジェクト〜

　子どもたちの想像の世界は、色や形や言葉と結びつき展開していく。その方法には、その子なりの文脈がある。

　年長児のMちゃんは、今までの遊びのなかで物語の絵を何度か作ってきた。次第に、絵を描いて、物語をつなげていくことにおもしろさを感じ、描き続けていた。そして、物語に言葉を書いていくようになり、わからない字が出てくると保育者にたずねながら、「つかれた、

133

むずかしい」というが「やってみる」といい、最後まで自分ひとりで何日もかけて描き、書き続けた。

　積み木遊びに夢中な年少児のIくんは、発表会で宇宙の劇をしてから、ライトテーブルで積木を使って「宇宙」を作るようになる。友達が使っていた「つまようじ」と出会うと、それを道具にして、紙に穴を開けるようになる。紙を光にかざすと、「うわぁ。光が見えてきた！」。さらにカラーセロハンを裏側に貼ることに気づき、色の配置を確認しながら家や空、星や宇宙の空間を表現していった。完成すると、ライトテーブルの電気をつけたり消したりを何度も繰り返し、いろいろな角度から作品を見て遊んでいた。

　これらの事例では、自分が興味のある材料や得意な表現方法によって表現の探究は継続し、そこに豊かなファンタジーが生まれ、何日間にもわたる時間のなかで、そのオリジナルな物語はつながり広がっている。

上／「昔ながらの絵本」（年長）
下／「家と空と星と宇宙」（年少）

題名　「むかしながらの絵本」　にじぐみ（年長児）

図1
絵を描くことが好きで、自分で物語りを考えて絵本を作ったり、絵だけをつなげて、お話しを作ったりしてきた。

図2　絵本を作る①
図1のお話し遊びをヒントにアート展では、オリジナルの絵本を作る事になる。
絵を描くことは、自分が好きな事で得意とするので、とても集中する。

図3　絵本を作る②
ボールペンで絵を描き、色鉛筆で色を塗っていく。
気持ちが焦るのか、時々、急いで塗ろうとするので、ゆっくりで良いことを伝える。

図4　絵本を作る③
物語りの字を書いていく。分からない字があると保育士に尋ねながら、書く。何日もかけて、書き続けた。「つかれた」「むずかしい」と言うが、「やってみる」と言い、最後まで自分ひとりで書く事を諦めない。

＜考察＞
今までの遊びの中で絵本は何度か作ってきましたが、今回はとても長い絵本を作りました。絵を描いて、物語りを繋げていく事に面白さを感じ、描き続けていたように思います。考えて作る経験が想像力を育んでいくのでしょう。ファンタジー豊かなオリジナル絵本となっています。

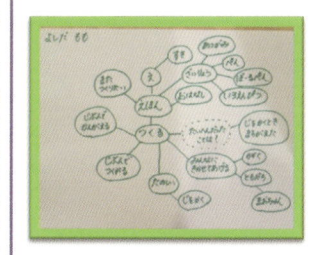

○時空間を超えて世界観を広げる～ジュラ紀の世界プロジェクト～

　現実の生活世界での経験を基盤にしながら、子どもたちの学びは想像力をもって時間や空間を超えて広がっていく。

　「ジュラ紀の世界」のプロジェクトは、年少と年中の5人で始まった共同製作である。毎日のように恐竜の絵本を見たり、絵を描いたりしていた子どもたちは、恐竜の島を作りたいと話し合いをする。絵本を見ながらアイデアを出し、使えそうな素材を探しに園外へ出かけ、作品作りが始まった。年中児が年少児に作り方を教えた。自然と作業が分担され、それぞれが色を選び、ローラーと筆を使い、ラッピングペーパーやフェルト、貝殻、石、流木を組み合わせて島を作り、海を作り、そこに思い思いの恐竜たちをひそませていった。そして、完成すると「今度は『白亜紀』を作りたい」と、彼らの創造力はさらなる世界の創造へと向けられていった。

「ジュラ紀の世界」（年少・年中）

「タイムマシン」（年長）

　また、年長児は、生活発表会で自分たちが恐竜となり劇のストーリーを自分たちで考えて発表してきた。そのなかのひとり、Hくんは「タイムマシンを作って恐竜の島に行ってみたい」といい、製作が始まった。廃材の部品に目を輝かせながらイメージをふくらませていく様子には、「本当に乗っていきたい」という強い願いが込められていた。

　これらの事例は、強い興味が製作意欲をわき立たせている。特に恐竜のプロジェクトは、途中、中断しながらも彼らの根底にある興味が共同製作へと向かわせた。このような子どもの興味と関心によって継続される取り組みが、質の高い学びと表現を生み出していく。

題名 「タイムマシーン」　にじぐみ（年長児）

図1
これまで恐竜の事に興味を持ち、恐竜の名前や長さを調べてきた。
生活発表会では、恐竜になり、自分たちで劇を考えてきた。
アート展では、タイムマシーンを作って、恐竜の島に行ってみたいと言っていた。

図3　色を塗る
乾いた土台に色を付ける。「何いろにしようかな」と迷いながら、色を選ぶ。好きな色を順に選び、何色も使っていく。

図4　部品を付ける
タイムマシーンの飾りを考える。保育士と一緒に使いたい素材を選ぶ。トイレットペーパーの芯、ワイヤーを差し込み、古い部品を色々な部分に付ける。古い部品を見ると目を輝かせながら、どれにしようか迷っているが、芯にはめ込みながら、バランスも考えて選んでいた。

図2　風船に紙を貼っていく
タイムマシーンは丸い形にすることになり、土台を風船で作る。紙をちぎって、のりで風船に貼っていく。紙が貼れているか確認しながら貼っていく。

〈考察〉
タイムマシーンを作って恐竜の世界に行ってみたい！という発想は今まで、恐竜の事に興味を持ち続けていたからこそだと思います。どんなタイムマシーンを作るのか時間をかけて悩みましたが、作り始めると自分でイメージを膨らませていました。本当に乗っていきたい！という強い気持ちを込めて作った作品です。

5　主体的な活動を生む環境

　これまでに取り上げてきた事例は、「自分から関わりたくなる環境」、「自分が使いたい材料を選んで使える環境」が主体的で想像的な活動を生み出している。
　たとえば、この園庭には、土の山があり、水場があり、子どもが隠れられるほどの高さの草むらがあり、動物が飼われていたり、自然物で音が鳴らせる「音場」と呼ばれる場所があったりと、子どもが自分から行為を生み出したくなる状況が多様にある。このような「子どもが自らかかわっていきたくなる環境」は、「あるもの」ではなく、大人の意識によって「創り出すもの」であるということがいえる。そして、その環境において子どもの活動はオープンエンド（終わりを定めず）に広がっていく。たとえば、同じ園庭の土でも、砂もあれば、水を加えれば泥遊びできる土もあり、柔らかい黒土もある。土の質によって生まれる子どもの感じ方は異なり、その感じ方の違いによって生まれてくる行為も異なってくる。このように「物の状態は子どもの行為を誘発する」といわれている。子どもが活動を生み出していくときは、先にイメージがあってというより、物や環境に誘発されて行為が発生する場合が多い。園庭に雪が降り積もれば、そこに足跡をつけたくなるし、柔らかそうな粘土を見れば触っ

第6章 「作品から読み解く」

　て団子を作りだす。真白な紙とクレヨンがあればそこに色を塗りたくなることも、紙と描画材という物の状態が描くことを誘発してくるからである。見映えの美しさや効率重視の環境だけでは、日々の子どもの活動は創造的なものとはならないだろう。地面ひとつをとっても、平らな地面もあれば、裸足で走り回れる芝生もあり、木々が植えられデコボコした地面もあったほうが、行為も多様に広がるはずである。そして、このような環境には多様で豊かなテクスチャー（触感）が必ず併存する。特に幼児の諸感覚は統合しているといわれている。そのため、全身の諸感覚をとおして環境へ直接に関わることは、世界を知り認識を広め知を獲得していくための始まりであると言えるだろう。

　そして、もうひとつアートの環境において重要なことは、自分が表現したいものが表現できる素材環境があるということだ。多様な材料が整理され、子どもが必要になるだろうと予測される材料や道具が備わっていることによって、子どもは材料を選択し方法を考え表現を広げていく。それは、たとえば紙の大きさや種類や形、絵の具の水の分量も子どもの表現を広げる環境である。廃材や身の回りにあるものすべてが子どもの材料となり環境となっていくのである。

色あざやかに飾られた、トンネル。

大きなイーゼルがあり、いつでも絵を描くことができる。

いろいろな音を体験する「音場」。

園庭にできたダンボールのかくれ家

137

年長児の作品、「宇宙とロケット」。

第7章

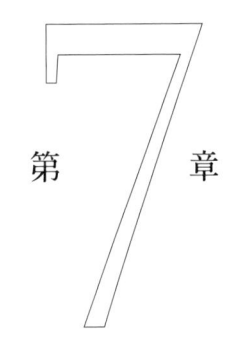

アートの可能性

1 生活というアート

(1 アートの生活化)

　人間形成とアートの関係について、これまで「アートすること」を基盤に、「学びや生活を豊かにするプロセスそのもの」、つまり「子どもの生活そのもの」をアートとしてとらえ、述べてきた。そのプロセスを段階ごとに見ていきたい。しかし、そのプロセスは必ずしも順序だったものではなく重なり合い絡み合い展開する。

　この事例は、西東京市のY幼稚園のものである。園庭にひとつの土山を設置したことにより保育の内容が激変していった。「環境と一体化する」段階、「個人がイメージを生成する」段階を経て、子ども相互が「感覚を共有」し、「イメージを共有」しながら、子どもの表現は生活のなかに一体化していく。そこに見られる「アートの生活化」の様子をたどってみたい。

　春先、園庭に土が運ばれ、ひとつの土山が現れた。子どもは興味津々にその土山に登り、穴を掘り、団子を作り、さまざまな活動がその環境を中心に広がっていた。梅雨時になって土が雨と混じり、土の質が変化すると、行為や遊びも変化していった。子どもたちは滑ることを楽しみ、土山に助け合って登り、泥で造形を作った。まず、彼らは土という「物と一体化」しながら行為を広げていく。ここで着目したいところは、物との関係や、物とのできご

第 7 章 「アートの可能性」

とからアートは始まってくというところである。水なら水と、風なら風と、光なら光と、絵の具なら絵の具と、彼らは全身で関わり感じようとしていく。つまり、子どもは物と一体化することによって、自分を確かめ、自分を見つけ、存在を確かめていくのであり、その段階があってこそ表現は深まっていく。

そして、土との関わりが個人のなかにイメージを生成させ、土山の周りにさまざまな作品ができあがっていく。「個のイメージの生成」の段階である。

ちょうどそのころ、近くで遺跡の発掘が行われ、それが地域で話題となっていた。担任は、地下の世界にくり広げられる神話の物語を創作し、読み聞かせた。子どもたちは土山の地面に耳をあてて地下の世界を想像したり、ひび割れた土片を掘り出したりし、やがてスコップを持って「発掘ごっこ」が始まった。秋になると園庭には落ち葉があふれる。葉っぱや木の実と組み合わせ、土の造形物は一層豊かな表現となり、お店屋さんなどのごっこ遊びが生まれ、活動は一層深まった。保育者がそこに角材やダンボールなどの素材を準備すると、遊びはさらにダイナミックなものとなって展開し、「表現が生活化」していく。

141

担任は、このような外で深まる土山での遊びと、中での保育をつなぎたいと考え、いくつものダンボールと茶色の模造紙を準備し、保育室に土山を子どもたちと作ることにした。興味深いのは、その表現内容である。そのダンボールの土山には、まるで古代の洞窟画のように外の土山でのできごとや生活が絵となって表現されていた。そこには、仲間との生活の喜びや願いが切実感のあるものとなって表わされていた。
　このような土山を拠点にした空間の変容と一連のできごとは、まさに子どもの「生活というアート」である。

2　環境のアート化

　このような表現を生み出す背景には、終わりのない行為やイメージの広がりを保障する「オープンエンドな（目的や用途を限定せず、終わりが決まっていない）環境」がある。白い画用紙のように、既成のものが何もないところへ子どもたちが主体的に関わり、そこに行為が生まれ、イメージが生まれ、共同体ができ、遊びが深まり表現が深まっていく。しかし、このようなアートの生成は、土山のような特別な場でなくても、保育室や砂場や日常のどのような場においても可能であるはずである。
　たとえば、赤磯保育園などで展開された隠れ家の事例では、隠れ家完成後、子どもたちはそこに庭を作ったり、家の中を飾ったり、隠れ家の中に神様を作って置いたりと、自分たちの空間に造形物を生み出していった。環境のなかで隠れ家自体が作品となって一体化し、園庭という環境そのものが作品のようになっていく。いわゆる「環境のアート化」である。その空間で子どもたちはごっこ遊びをくり返しながら、生活を生み出していく。それは、いわゆる「生活のアート化」であり「アートの生活化」でもある。このような子どもたちの様子は、「ともに文化や社会を創りたい」という欲求を、生得的に人間が持ち得ているものであることを教えてくれる。ともに文化や社会を創造したいという原初的で自発的な活動が、アートを通して目に見えるものとなっていく。

「環境のアート化」作品は環境となって一体化し、園庭の環境そのものがアートとなっていく。

2 文化創造の共同体

1 テリトリーの崩壊とイメージの共有

　子どもの世界における「生活のアート化」や「アートの生活化」は、共同体によって生み出されていく。共同体が文化を創り上げていくそのプロセスについて見てみたい。まず、物や環境を通して子どもたちが「感覚を共有」していくことによって、子どもたちのなかに「イメージが共有」されていく。

「共通の生活体験」からイメージの共有が生まれる。
イメージを共有することによって「共通の願い」が生まれ、話し合い、仕事を分担し合い、共同の作品ができあがっていく。

　この事例は、T幼稚園の5歳児のものである。遠足で動物園を訪れたことをもとに一枚の大きな紙に共同で絵を描いていた。子どもたちはまず、紙面のなかで自分のテリトリーを見

つけて描き出していくが、次第に個人のテリトリーがなくなり、場面が共有されていく。たとえば、ひとりの子がカメを神妙に描いていると、そこに隣の子どもがそのカメの顔に目鼻口を描き足した。そしてそこにまた違う子が来て、そのカメの甲羅にカメの顔を描き足し、3人で物語をつくりながら描いていった。このような場面では、画面の中に自分のテリトリーはなくなり、他人を共有し合う人間関係と、これまでの共通の生活体験が、「イメージの共有」を生み出していく。そして、その絵が保育室に掲示されたころ、1通の手紙がそのクラスへ届けられた。「みんなのお部屋へ遊びに行きたいな」という動物たちからの手紙であった。もちろんそれは担任が書いたもので、その手紙をきっかけに手紙のやりとりが動物たちと始まっていった。子どもたちは、動物たちが遊べる遊園地を作ろうと話し合いを始めた。「入り口はどうする？」「キリンさんが滑れるすべり台を作りたい」「ゾウさんも入れる温泉も作ろう」などと、計画を立て、作業を分担し、保育室に動物ランドができあがっていった。そこで子どもたちは動物になりきって遊び、保育室は劇遊びのシアターへと変貌していった。

　普段の生活のなかで、仲間の存在と表現を受容し、深い生活体験をともにすることによって、共通のイメージは強い願いとなる。そして、そのイメージの実現に向けて子どもたちは協同、または協働し、彼らなりの文化を創りあげていく。

2　園庭に生起する文化的共同体

「園庭に起こるお祭り」

「クライマックスのお決まりの踊り」

　そして、子どもたちの創造活動は、造形を作り出すだけでなく、時間と空間をもって展開していく。そこにさらなる可能性が見られる。次の事例は、安城市のH幼稚園の園庭でのできごとある。

　運動会で、年長児が御神輿を担ぎ、踊り、「お祭り」を演じた。その後、それに感化された年中児たちにお祭りごっこが始まった。担任が廃材を用意すると御神輿が形となってできあがり、御神輿の上には神ではなく、自分たちや自分たちの遊びや生活の様子が作られて祀

られ、御神輿の装飾は、日々、進化していった。その御神輿を、外遊びの途中で一部の子が担ぎ出すと、ほかで遊んでいた年中児たちも徐々に集まり、「わっしょい、わっしょい」と皆で園庭を練り歩き始めた。その御神輿ごっこが、日々、同じように続いていく。さらに興味深いのは、まわりで見ている子どもたちだ。年中児が園庭で担ぎ出すと、砂場で遊んでいる年少児も、園庭の真ん中で遊んでいる年長児も自分の遊びをしながら「わっしょい」といい出し、園庭中が「わっしょい」という声に包まれた「お祭り空間」となっていった。そして、園庭を1周担ぎ終わるころ、先生が園庭に祭りの音楽を流すと、子どもたちは神輿を置き、その音楽に合わせ踊り始める。その一連の遊びが、外遊びの途中で毎日、毎日、同じように起こり、続いていった。そして、保育室へと子どもたちが帰ったあとの園庭は、まるで祭りのあとの社のような、または、ミュージカルが幕を下ろしたあとのステージのような静寂と残像に包まれていた。

　この事例では、園庭が、日々、「お祭り空間」へと変貌し、日常の園庭全体がシアターのようになり、子どもたちはその時間と空間を共有しできごとを生み出している。この園庭に起こるできごとは、年齢やクラスを超えた共同者による壮大な「お祭りごっこ」という「劇遊び」である。表現者がイメージを共有し、観賞者を巻き込み、表現者と観賞者を一体化した表現空間がつくりだされている。

3　生活空間の広がりと創造

1　子どもと造形と環境の一体化

　次の事例は、米子市のJ園のものである。この園は、早くから子どもの主体的な遊びの深まりに着目し、プロジェクト・アプローチによる実践を真摯に試みてきた先駆的な園である。

　万華鏡に興味をもった子どもが、「のこぎりちょうだい」といって、それを分解してみたところからその実践は広がっていった。万華鏡の中に入っている素材や、映る仕組みを自分たちで確かめ、その学びから自分たちで万華鏡を作っていった。子どもが作る万華鏡の中の魅力的な光の世界を、ほかの子ども達にも見せ共有させたいと考えた担任は、デジタルカメラを提供し、子どもが自分で作った模様の世界を写していった。そして、そのつくりだされる世界をプロジェクターで映して皆で見ようと「万華鏡映画館」なるものが企画され、子どもの気づきや感動が共有されていった。

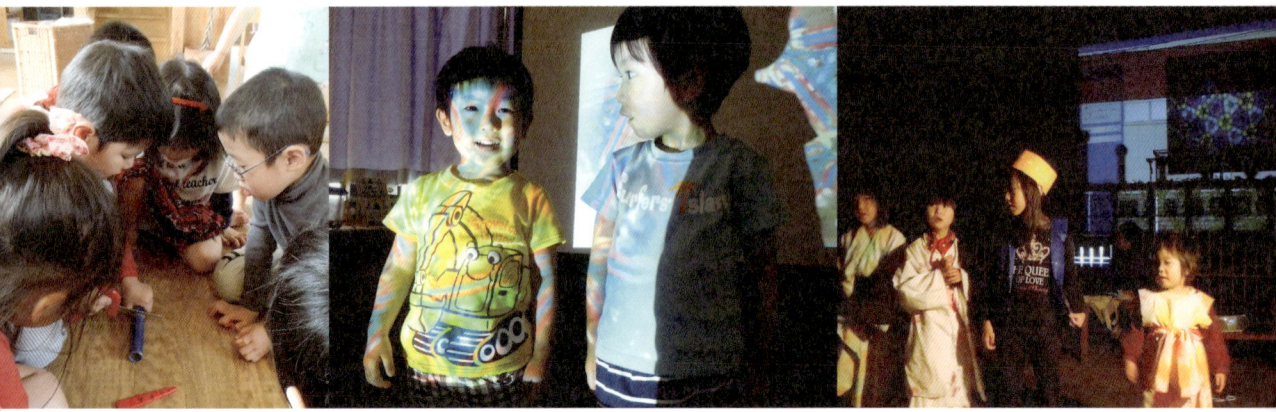

左／万華鏡をのこぎりで切ってみる。　中／映像と一体化する子ども。　右／映像とともに作るごっこ遊び。

　さらに、普段の「お化けごっこ」や「ファッションショーごっこ」などの遊びが、映像の模様遊びと結びつき、自分たちで計画した「夜の光の世界ごっこ」が夜の園庭に展開した。園舎の隣にあるホームセンターの大きな壁に万華鏡の映像が映し出された。その模様を自分たちの表現の一部として取り入れ、その映像をバックに「映像の造形と空間と子どもたちが一体化した遊び」が展開していった。この実践では、子どもの興味や関心から活動や学びが共有され、感動をもって生活空間と子どものアートが壮大な空間の中で一体化した。

2　地域とつながる遊び空間

　このような子どもの想像活動は、地域社会との関わりにおいて、一層、展開を深めていく。
　次の事例も同じJ園のものである。保育室でお店屋さんごっこが深まっていたころ、子どもたちは「ほんもののお店はどうなっているんだろう」と、散歩の途中でいろいろな店を訪問してみた。その後、筆者が取材のために子どもたちが訪れた喫茶店にうかがうと、その店の店主さんは、子どもたちが持ってきたという質問用紙をうれしそうに見せてくださった。そこには、照明のことや、音楽のことや、食器のことや、お茶の入れ方や、メニューのことなどさまざまな質問が書かれていた。子どもたちはその内容を真剣に聞いて帰ったという。そして子どもたちは、訪問後、店を作って家の人にも来てもらおうと、「どんな店にするか」を話し合い、準備が始まっていった。ジュースやクッキーを試しに調理したり、どんな音楽が空間に合うかを考えたり、部屋を飾りつけしたり、看板も書き、食器もオーブンを使ってできる陶芸で作り、紙幣も作り、店をオープンさせていった。
　ごっこ遊びから展開していったこの創造活動は、地域社会との関わりにおいて進展していった。この事例に見るように、地域との関わりが、保育を深めていく可能性は多様なとこ

ろにあることがわかる。そして、ごっこ遊びからつながるこのような創造活動も、そのプロセスそのものが「豊かな生活と学びをつくりだすアート」だといえるだろう。

4 地域社会とつくる

　ひとつの園の中で、学びの広がりを保障し、一保育者がその子なりの深まりをつなげ見届けていくには限界がある。園という枠を超えて、親や地域の人材、アーティストや専門家、教育者や心理学者など、さまざまな地域の人材や施設と関わりながら、地域全体で子どもたちを育てていこうとする試みが今後広がりを見せるだろう。

　次の事例は、筆者が４年間、企画に関わらせていただいたＮＰＯが主催する「ぎふ・こども芸術村」の実践のひとつである。地域の子どもと、保育者、親、アーティスト、ミュージシャン、料理研究家、環境研究家、ボランティア等が、山中の自然の中に子どもたちと宿泊し、同じ屋根の下で暮らしをともにしながら、生活をつくりだしていくというものである。この事例では、そこに生まれる空間や時間や活動や生活そのものが、アートとなっていく。

　子どもたちはまず、その非日常な川や森という空間で、そこに自分の「居場所」をつくるように遊びを展開していく。子どもたちが十分に関われる時間と、自由に関わることのできる場所と物が保障されることによって、子どもたちは、自ら造形活動を発生させ、アートを

生み出していく。さらに、大人が子どもの行為の広がりやイメージの広がりを予測して、新たな材料やできごととの出会いを生み出すことによって、子どもの行為は広がりを見せていく。

　たとえば、河原へ行けば、子どもたちはまず水の中へ入り、その場所への関わりを深めていく。やがて、泳いだり、石を並べて造形を作り出すなど、遊びが広がりを見せはじめる。河原に色とりどりの布の端切れや毛糸を用意すると、それらを結んでつなげ、長い紐にして流した。さらに、橋に布を結びつけそこに水を流し、川の流れの中に子どもたちの造形ができあがっていった。河原の風景は、たちまち子どもたちの手によって変化していった。つまり、「環境のアート化」である。そして子どもたちは、「空と大地と川と自分たちの造形がつながった風景」を橋の上からうれしそうに眺めていた。そのプロセスにおいて、その非日常な空間は子どもたちの居場所となり、創造の空間となっていくのである。

川とつくる造形。

遊びの拠点となる隠れ家つくり。

森のオブジェ。

森の生き物。

第7章 「アートの可能性」

左／森の神様（野焼き）。　中／森のお祭り。　右／森の竜。

　十分な時間と環境が保障されることによって、さらに、彼らは、自発的に「私のイメージ」を形にして作り出そうとしていく。石や松ボックリや木の実、流木や枝など、自然のなかは材料の宝庫である。子どもが関わりたくなる材料と、道具や接着剤や描画材を用意すれば、作品はその場においてできあがっていく。

　そして、ここでそのプロセスを深めていくための大きな要因となったのが、アーティストとの出会いである。アーティストに、日常の保育で行われているような役割を求めることは困難である。アーティストの多くはアートの達人であっても、援助の達人ではない。ここでのアーティストの役割は、アートを通した「非日常な出会い」を提供し、造形行為を導き、深めていく「案内人」である。専門的な知識を伝えるだけではなく、生活をともにする中で「アーティストの存在」そのものが、子どもたちに新たな想像と行為をわき立たせ、子どもたちの行為と空間を変貌させていく。つまり、ここではアーティストの「存在そのもの」に意味があるのである。たとえば、植物から紙が作られていく様子を和紙作家が見せる。そのときの目を輝かせた子どもたちの驚きは、自らの主体的な創造活動へと結びついていった。また、陶芸作家が野焼きで火を焚き、作品を灰の中から掘り出したとき、子どもたちは土に「生」が宿ったように現れた作品に感動を抱き、その作品を大切に自分たちの隠れ家に飾った。そして、ミュージシャンが生活のなかで何気なく奏でた打楽器の音に真剣に耳を傾けた子どもたちは、いつしか、遊びのなかで枝や棒を使って自分たちでリズムをつくりだしながら遊んでいた。

　そしてさらに、生活のなかでは、「食」の空間や時間もアートになっていく。子どもたちは、拾った葉をコラージュしてテーブルクロスを作り、料理をディスプレーし、枝で作った箸でそのごはんをいただいた。食事をいただくという空間自体も、ここではアートとなっていく。また宿泊を伴う生活は、自然界のさまざまなできごとと出会うことができる。詩的な出会いもあれば、雷や森の闇夜などの怖い体験もある。山の闇夜の中を散歩し、一斉に光を消してみると、夜の森の音や川の音が聞こえてくる。自然ので

食のアート。

「私たちの星空」

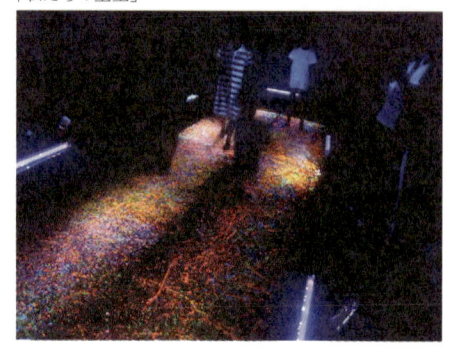

きごととの豊かな出会いは、子どもの心の深くに残される。それを単なる体験だけで終わらせるのではなく、そこで感じたものを表現と結びつけていくことによって、彼らの感じ方はさらに深まっていく。

　この活動の目的は、自然や他人と共存し、新たな見方や感じ方をもって文化をともにつくりだそうとする礎を育て、子どもの活動から社会を創造していこうとするところに特徴がある。つまり、ここでの生活や活動の全体そのものが社会的な創造活動であり、その生活と活動のプロセスそのものが「社会的創造活動というアート」として考えられる。

　このような取り組みは、市民活動による特別な活動であるかもしれないが、実は日々の日常の園においてもそれは同じで、アートを通して、園のなかにこのような空間や時間を生み出すことは可能である。そして、その空間やプロセスそのものが、子どもを育てると同時に、間接的には、社会を創造していく活動となるのである。確かに、園や学校は子どもを育てる場であることは間違いないが、同時に、園や学校は「文化を創り、社会を創造していく場」でもあるのだ。

美術館に飾られた「生活というアート」

5 グローバル化における保育の創造

　保育界においても、国際化やグローバル化の問題は、避けては通れない課題となりつつある。保育においてグローバル化のキーワードとなるものは、「異質感の受容」であろう。異なる言語や文化、肌の色や宗教の違いすべてにおいて、それらを受容する感じ方が子どもたちの将来において必要とされる時代となっている。

　次の事例は、オーストラリアのシドニーの幼稚園のものである。オーストラリアは多民族の国家であり、人種や人権の問題に重きをおいていることがうかがえる。ここでは、保育者も英語だけでなくほかの言語を話す保育者がいて、そして、アーティストも保育者として保育に関わっている。ひとつの興味深い実践は、「Sorry の日」と呼ばれるものだ。もともとオーストラリアは先住民のアボリジニの国であり、それを占領してできあがった近代国家である。その民族に対して全国民が謝罪する日がつくられている。その園では、アボリジニ文化のコーナーが園舎の中に設けられ、アボリジニアートの作家が園庭で子どもたちと一緒に絵を描く。アボリジニアートの技法を使ったその作品は、園内に飾られる。最も身近にある課題から、他者への感じ方が育まれようとしていることがうかがえる。そのような人権に対する保育観は、障がい者への意識や、自然環境や平和の問題にも精通する見方や感じ方を含んでいる。

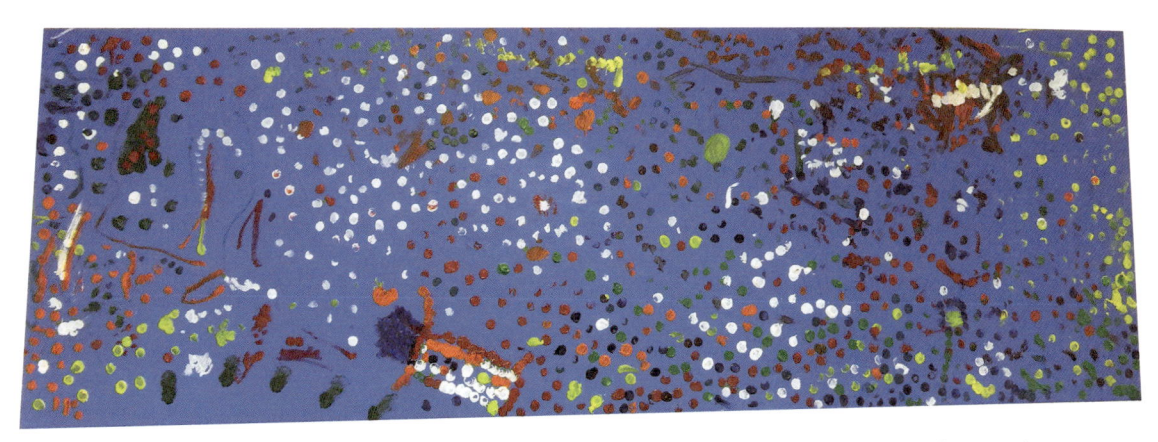

アボリジニのプレゼンテーションエリアが設けられている。

地元 Bunjalung 族のアーティスト、アボリジニ オーストラリア人の Deny Kirkwood の作品にインスピレーションを受けて、マリックビルカウンシルのグループウィルキンズプリスクールの子どもたち、先生、保護者が一緒に描いた絵。

筆者は その園に、日本の子どもたちが描いた絵を持ち込みワークショップを行った。和紙に描かれたその絵はオーストラリアの子どもたちにとっては異質なものだったが、絵を通して日本の子どもたちを想像し、受容し、描いていった。和紙は植物からできていることを伝えると、子どもたちは和紙を手でさわり、匂いをかいで描き始めていった。筆者がその作品を日本に再度持ち帰ると、今度は日本の子どもたちがその異国の子どもたちの存在を想像し、受容しながら活動を展開させていった。

タイトル「Nature and Earth」。

タイトル「Earth as hero」。子どもと 先生が アボリジニ人の 大地とのつながりを考慮してかいた絵。

日本の子どもの作品の映像にシルエットを重ねて遊ぶ。

　そのワークショップでは、はじめにプロジェクターで互いの子どもたちの生活や描いている様子を映像で映し、子どもたちの作品に自分たちのシルエットを重ねたりしながら、視覚で異質な文化を感じていくところから活動は始まった。墨で描かれた長さ20mほどの和紙の上に、異国の子どもが描いた線や形がある。そこに自分の線をつなげ、一緒に作品を描いていった。ほかにも、両国の園が共通の「花」を話題として日常保育を展開しており、それを生かした活動もある。日本の子どもたちによる和紙染めのコラージュの大きな作品を持ち込み、その上にシドニーの子どもたちが和紙染めを試み、つなげて、作り上げていくという作品もある。

　まず、保育や教育においてグローバル化や国際化を語るとき、考えなければならないことは、その子の足元に立脚した生活のなかで、その子の存在感が育まれているかどうかということである。それを大前提に、異質感の受容や、他者を切り離さないでとらえようとする感じ方が育まれていく。それは、人間や自然や、平和や人権や福祉の課題に通底した他者への見方や感じ方、考え方でもある。そして、そのようなグローバルで豊かで広がりのある世界を想像できる「想像力」を育むことのできるひとつの機能が、アートなのである。

アトリエスタが書いた当日のドキュメンテーション。この園では記録は文字だけではない。絵やイラストも使われている。

和紙染めや千代紙で日本の子どもの作品の上にコラージュや描きながらつなげていく。

6 社会的な創造活動というアート

　ユネスコ憲章の成立から、芸術は、人の心の中に平和の砦を築く手段として、今日まで国境や民族を超えてその役割を果たしてきた。しかし、世界のなかにはクレヨンさえもったことがない子どもたちが多くいるというのも事実である。国の状況がどのようであっても、すべての子どもたちにとって表現することは喜びであり、子どもたちが自由にいきいきと表現できる姿を願いたい。

　今、21世紀を迎え、あらゆる問題を包括的に解決することを目的に、各国でその教育の取り組みが始まっている。たとえば、表現者や場所という枠組みや境界を超えて展開するワークショップは、参加者相互に「感覚の共有」を生み出す。また、造形活動を共同、または協働して行うというコラボレーションの取り組みは、さまざまな相互関係によって「共同体」を生成する。このような活動のプロセスは、コミュニケーションのあり方や、環境との関わりを再考する提起となっている。さらに、「作家」「子ども」「障がい者」や「老人」といった表現者の境界や、美術館や学校や施設、地域や国という枠を超えて、人間と社会が文化を創造しようとする活動がさまざまな形において展開しつつある。芸術活動は「個人から共同体」へと広がり、そして、「アートそのものが、社会を創造する活動」として期待されつつある。

　次の事例は、筆者がこれまで日本の子どもたちと諸外国の子どもたちによって継続的に取り組んでいる実践である。

　和紙のハガキに「生命（いのち）のイメージ」を描き、それをつなげていくというもので、さまざまな園や学校、美術館や施設を回りながら「終わりのない絵」としてひとつの大きな作品となり、つながっていく。幼児から大人まで参加し、自分の「生命（いのち）のイメージ」を描く。幼児は生き物や植物との関わりを想像し、その物語を描いていく。その絵は今もつながり、広がり続けている。

　その作品を美術館や園の環境の中に展示し、絵によって子どもの生命に対する見方や感じ方を広げ深めていこうというのがワークショップのねらいだ。この活動は、子どものそのような感じ方を育むことと、もうひとつ、子どもの作品を通して、社会へ生命のつながりや人と人とのつながりをメッセージとして伝えていこうとするものである。

　この事例のように、子どもの存在や作品は切実感の強いものとしてある。一人ひとりの存在のなかに、その子のかけがえのなさやその子の未来を見ようとしたとき、社会が大切にしなければならないものが見えてくる。それは、子どもという枠の中だけでなく、すべての人間一人ひとりの存在のかけがえのなさへとつながっていく。子どもの作品やその存在そのものには、社会を変えていく力がある。それをむやみに利用することは決してあってはならな

いが、造形という非言語な色と形は、各国の異なる言語を超えて共通なコミュニケーションの道具と成り得る力をもっている。

　ユネスコ憲章がいうように、芸術には人の心の壁を超えていく力となるものがあり、言葉にできないことまでを伝えていくことができる。ましてや、子どもの作品やその営みは、私たちの未来を拓く力として可能性を秘めている。

「生命のイメージ —終わりのない絵—」

第八章 「アートの可能性」

「オープンエンドで、広がりつながり続けていく」

157

おわりに

明日を拓く子どもたち

　「早くして、だめね、どうしてできないの」など、子育てや保育には否定的な言葉がたくさんつきまとう。汐見稔幸氏はある対談の中で、子どもを「ない」者としてではなく、「ある」者として見なければ、もともと子どものなかにあるものまで見えなくなってしまうと述べた。

　確かに標準発達を基準とし、足りないところ、つまり谷の部分を埋めて平板にしようとする保育が多い。これを子どもがもっているその子らしい良いところ、つまり山の部分をもっと充実させることによって谷を埋めることができるのではないだろうか。このような学びの世界があるにも関わらず、たとえば「世界は競争なのだ」と考える人たちは、決まって競争に勝ち抜いた人であり、彼らは競争社会こそが発展であるとしか考えず、ますます競争の仕組みを強化しようとする。結果や原因を分析し、正しいといわれるもので埋め尽くし、自らの仕組みにしばられて身動きができなくなってしまう。この仕組みは、今、閉塞している状況にあり、それが社会の抱える問題のひとつとして現れている。問題の解決を暴力で行おうとする者たちにゆだねることは断じてできないが、新しい知恵が求められていることは確かである。

　ひるがえって目の前の子どもたちは、しばしば柔軟な思考で社会とのかかわり方を切り拓いてみせる。そして子どもたちが学んでいる姿を見ると、発達するとは、自ら働きかけ、感じ、表わし、考え、認知し、技能が身につくことであり、それらがさまざまなものごとと関係しながら循環することだと実感する。

　一直線な学び方は効率的かもしれないが、効率を重視するあまり、個々のもっている人間性を省いて行われている印象がある。しかしアートの世界は多様であり、感覚的である。自分が発揮されるだけでなく、ほかの人やものごととの関係を育む知的な学びの世界でもある。

　子どもたちはプロジェクト・アプローチ保育により、生活から学び、自らそれを豊かにする。この自ら生活を豊かにするプロセスにおいて、身体の自由、心の自由、知的な自由を獲得している。アートな生活によって自らの世界を拓いているのである。

福田泰雅

参考資料・文献

- 『子どもの心といきいきとかかわりあう －プロジェクト・アプローチ』
  リリアン・カッツ、シルビア・チャード　小田豊／監修　奥野正義／訳　光生館
- 『子どもたちの100の言葉 －レッジョ・エミリアの幼児教育』
  C.エドワーズ、L.ガンディーニ、G.フォアマン／編　佐藤学、森眞理、塚田美紀／訳　世織書房
- 『保育者の地平』津守眞　ミネルヴァ書房
- 『幼児教育へのいざない ―円熟した保育者になるために―』佐伯胖　東京大学出版会
- 『共感 －育ち合う保育の中で－』佐伯胖／編　ミネルヴァ書房
- 『学びを問い続けて ―授業改革の原点』佐伯胖　小学館
- 『状況に埋め込まれた学習 －正統的周辺参加』ジーン・レイヴ、エティエンヌ・ウェンガー　佐伯胖／訳　産業図書
- 『驚くべき学びの世界　レッジョ・エミリアの幼児教育』佐藤学／監修　ワタリウム美術館／編　ACCESS
- 『新しい時代の幼児教育』小田豊、榎沢良彦／編　有斐閣
- 『アイザックス幼児教育論の研究』大塚忠剛　北大路書房
- 『保育の心もち』秋田喜代美　ひかりのくに
- 『インストラクショナルデザインの原理』
  R.M. ガニエ、W.W. ウェイジャー、K.C. ゴラス、J.M. ケラー　鈴木克明、岩崎 信／訳　北大路書房
- 『みえないかたち』吉岡徳仁　アクセス・パブリッシング
- 『吉岡徳仁クリスタライズ』吉岡徳仁　青幻舎
- 『MI：個性を生かす多重知能の理論』H. ガードナー　松村暢隆 訳　新曜社
- 『芸術、精神そして頭脳 ―創造性はどこから生まれるか―』H. ガードナー　仲瀬律久、森島 慧／訳　黎明書房
- 『キルパトリック教育思想の研究』佐藤隆之 著　風間書房
- 『プロジェクトマネジメント ―理論編―』中嶋秀隆、浅見淳一　総合法令出版株式会社
- 『総合学習を指導できる"教師の力量"』奈須正裕　明治図書出版
- 『子どもの能力と教育評価』東 洋　東京大学出版会
- 『日本人のしつけと教育 ―発達の日米比較にもとづいて―』東 洋　東京大学出版会
- 『教科書のない小学校』小松恒夫　新潮社
- 『レッジョ・エミリアからのおくりもの ―子どもが真ん中にある乳幼児教育―』森 眞理　フレーベル館
- 『生活から生まれる新しい造形活動　子どもとアート』磯部錦司　小学館
- 『幼稚園真諦』倉橋惣三　フレーベル館
- 『育ての心（上・下）』倉橋惣三　フレーベル館
- 『子どもに生きた人・倉橋惣三の生涯と仕事 ―その生涯・思想・児童福祉―（上・下）』森上史朗　フレーベル館
- 『倉橋惣三と現代保育』津守眞・森上史朗／編　フレーベル館
- 『オッリペッカ・ヘイノネン「学力世界一」がもたらすもの』オッリペッカ・ヘイノネン、佐藤 学　日本放送協会出版会
- 『学びの身体技法』佐藤 学　太郎次郎社
- 『競争やめたら学力世界一 ―フィンランド教育の成功―』福田誠治　朝日新聞社
- 『ファンタジーの文法 ―物語創作法入門―』ジャンニ・ロダーリ　窪田富男／訳　筑摩書房
- 『スウェーデンの税金は本当に高いのか』竹崎孜　あけび書房
- 『ニュージーランドの保育と子育ての支え合い』松川由紀子　溪水社
- 『リー・ストラスバーグとアクターズ・スタジオの俳優たち ―その実践の記録―』
  ロバート・H・ヘスマン／編　高山図南雄・さきえつや／訳　劇書房
- 『物語を生きる ―今は昔、昔は今―』河合隼雄　小学館
- 『人の心がつくりだすもの』河合隼雄　大和書房
- 『こころに届く授業 ―教える楽しみ、教わる喜び―』河合隼雄、谷川俊太郎　小学館
- 『子どもが絵を描くとき』磯部錦司　一藝社
- 『自然・子ども・アート』磯部錦司　フレーベル館
- 『保育をひらく造形表現』槇英子　萌文書林
- 『音あそび －統合保育・特別支援教育に応用する音楽療法・音遊び』下川英子　音楽之友社
- 『下手でもいい　音楽の好きな子どもを』園部三郎　音楽之友社
- 『ともともと遊ぼう　ガラクタ演奏会』山口とも　リットー・ミュージック
- 『これからはじめる即興演奏』馬淵明彦・杉本明　オブラ・パブリケーション
- 『いちねんせい－ドラマの教室』福田美津夫　晩成書房
- 『子ども、空間、関係性 －幼児期のための環境メタプロジェクト』
  ジューリオ・チェッピ、ミケーレ・ジーニ／監修　田邊敬子／訳　レッジョ・チルドレン　学習研究社
- 『有元利夫　絵を描く楽しさ』有元利夫、有元容子、山崎省三　新潮社
- 『芸術による教育』ハーバート・リード　植村鷹千代、水沢孝策／訳　美術出版社
- 『美術教育の現象』石川毅　玉川大学出版部
- 『デューイの探究教育哲学―相互成長をめざす人間形成論再考』早川操　名古屋大学出版会
- 『デューイ＝ミード著作集12　経験としての芸術』ジョン・デューイ　河村望／訳　人間の科学新社
- 『現代デューイ思想の再評価』杉浦宏／編著　世界思想社

著者

磯部錦司
椙山女学園大学教育学部子ども発達学科教授。研究テーマは子どもの表現と造形活動。アートを通した生命のつながりを主題に、国を超えた、子どもの造形活動によるプロジェクトを展開。著書に『子どもとアート』（小学館）、『子どもが絵を描くとき』（一藝社）、『自然・子ども・アート』（フレーベル館）など。

福田泰雅
先進的なプロジェクト・アプローチ保育で知られる、社会福祉法人赤碕保育園の理事長であり、園長。学生時代は音楽を専門的に学び、アートによる教育や保育に造詣が深い。鳥取県子ども家庭育み協会理事、鳥取県子ども・子育て会議委員。全国私立保育園連盟保育・子育て研究機構研究企画委員。

社会福祉法人　赤碕保育園
鳥取県東伯郡琴浦町に、昭和11年開園。放課後児童クラブ、子育てリソースセンターも併設され、地域の子育てを包括的に支援している。2001年より3歳以上児童で異年齢混合保育を開始、プロジェクト・アプローチにも先駆的に取り組む。

プロジェクト・アプローチの実戦から
保育のなかのアート

2015年 3月21日　初版第1刷発行
2020年10月6日　第2刷発行

著者　磯部錦司
　　　福田泰雅
発行人　杉本　隆
発行所　株式会社　小学館
　　　　〒101-8001
　　　　東京都千代田区一ツ橋2-3-1
電話　編集　03-3230-5686
　　　販売　03-5281-3555
印刷所　三晃印刷株式会社
製本所　牧製本印刷株式会社

© Kinji Isobe, Taiga Fukuda 2015
Printed in Japan
ISBN 978-4-09-840146-8

造本には十分注意しておりますが、印刷、製本など製造上の不備がございましたら、「制作局コールセンター」（フリーダイヤル0120-336-340）にご連絡ください。
（電話受付は、土・日・祝休日を除く9:30～17:30）
本書の無断での複写（コピー）、上演、放送等の二次利用、翻案等は、著作権法上の例外を除き禁じられています。
本書の電子データ化などの無断複製は著作権法上の例外を除き、禁じられています。代行業者等の第三者による本書の電子的複製も認められておりません。